思想之魅

文化名家访谈录

李 东 ◎著

黄河出版传媒集团
宁夏人民出版社

图书在版编目（CIP）数据

思想之魅：文化名家访谈录 / 李东著. — 银川：宁夏人民出版社，2018.3
ISBN 978-7-227-06877-8

Ⅰ.①思… Ⅱ.①李… Ⅲ.①文艺工作者—访问记—中国—现代 Ⅳ.①K825.41

中国版本图书馆CIP数据核字（2018）第048195号

思想之魅——文化名家访谈录　　　　　　　　李　东　著

责任编辑　陈　浪
责任校对　李彦斌
封面设计　朱振涛
责任印制　肖　艳

 黄河出版传媒集团
宁夏人民出版社　出版发行

地　　址　宁夏银川市北京东路 139 号出版大厦（750001）
网　　址　http://www.yrpubm.com
网上书店　http://www.hh-book.com
电子信箱　nxrmcbs@126.com
邮购电话　0951-5052104　5052106
经　　销　全国新华书店
印刷装订　陕西天丰印务有限公司
印刷委托书号（宁）0008647

开本　889mm×1194mm　1/32
印张　8　　　　字数　200 千字
版次　2018 年 3 月第 1 版
印次　2018 年 3 月第 1 次印刷
书号　ISBN 978-7-227-06877-8
定价　38.00 元

版权所有　侵权必究

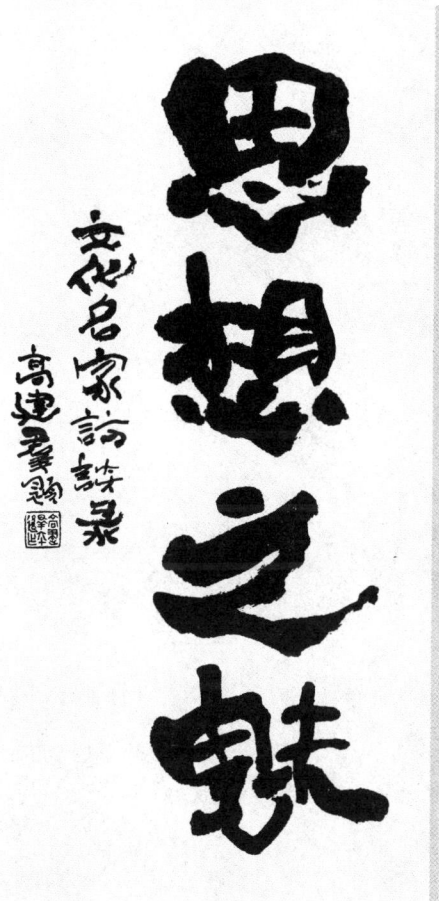

著名作家高建群为本书题字

目录

按访谈先后排序

01　于　坚：诗歌是精神世界的领袖

14　梁　平：诗人的价值就是担当

25　燎　原：经典性作品也在检验阅读者的资格

39　刘醒龙：文学是一种福音

48　肖云儒：一个艺术评论行道里的"玩家"

61　王久辛：诗人的风骨在哪里？

71　孙晓杰：诗人是人类的良心

81　李少君：雾霾时代，诗歌何为？

102　鄢烈山："公民写作"的践行者

115　高建群：被捆绑在小说柱子上的浪漫诗人

131　白　烨：有喜又有忧，且行且辨析

144 范静哗：自信的异乡人

163 何三坡：诗歌是一种缓慢之物

177 马萧萧：从校园诗人到军旅诗人的华丽转身

190 徐敬亚："准诗"的时代已经来临

207 李汉荣：文学是回忆的一种方式

223 张德明：百年新诗的成绩与问题

234 王宜振：用毕生精力塑造孩子的想象力

248 后　记

于坚：诗歌是精神世界的领袖

于坚，1954年生于昆明。云南省作协副主席，"第三代诗歌"的代表性人物。著作有《诗六十首》《对一只乌鸦的命名》《相遇了几分钟》《于坚的诗》《只有大海苍茫如幕》《彼何人斯》《众神之河》《云南记》《印度记》《棕皮手记》等数十种。获第四届鲁迅文学奖、"华语文学传媒大奖"2002年度诗人奖、《联合报》十四届诗歌奖、人民文学诗歌奖、首届华语文学传媒大奖等。

先锋并非仅仅是一种创新

李　东：于坚老师您好！一直想就诗歌和文学，和您进行一次较为深入的对话。可以这么说，我们年轻一代从学生时期就开始接触您的诗文，很多人深受影响。而您当年参与创办的《他们》诗刊，更是影响了一大批诗歌爱好者。那么《他们》诗刊是在什么样的环境下又是出于什么目的创办的？

于　坚：《他们》的创办是因为诗歌需要传播、交流。那时候我们都在黑暗中写作多年，作品已经相当成熟，但没有多少公开刊物敢发表我们的作品。我们的作品并非政治性的，《他们》诗人都是"为人生"的诗人，灰色的诗人（世界并非只有光明与黑暗，还有更广大的灰色部分），重视语言作为诗的根本的诗人。但那个时代对这样的写作噤若寒蝉，如果你表达政治人们会明白，朦胧诗表达了政治的另一面，但没有被拒绝，曾经作为思想解放的旗帜在公开刊物走红一时。但你表达日常生活、生命、存在，人们倒无法理解。那是全面反生活、崇尚虚构，完全丧失了禅意、幽默感和爱的时代，人们没有生活，只有政治，一切都是政治。"文革"的"清教主义"使人们将生活世界等同于庸俗、低级，普遍追求的是所谓崇高的、积极的、抽象的、压抑身体和生活的存在方式。一切都是政治，"生活在别处"。这种影响到今天依然存在，某些诗歌批评家一提到《他们》，自然而然就居高临下地将《他们》的主题概括为庸俗、小人物、粗鄙、反英雄。第三代诗人反的"英雄"是什么"英雄"？批评家们从来没有思考过，"文革"时代的英雄是反生活的英雄。《他们》的主题恰恰是回到日常生活的英雄。杜甫在《酒中八仙歌》或者拉金的作品中歌颂过的那种生命英雄。《他们》的作者可以说是一个积极时代的消极主义者。《他们》以地下面目出现，可以想见，那个时代基本的正常的文学在这个国家已经多么匮乏。

李　东：当前，中国诗歌民刊不计其数，而且不断有新的民刊诞生，但民刊的影响力似乎越来越弱。您如何看待这种现象？

于　坚：民刊本来就属于小圈子，不可能有公开出版物那么大的影响力。只是在特殊时代，人们有地方发表作品，而公开刊物又成为压制自由写作的一种制度。因此作者和读者将注意力转移向民刊。民刊因为主流文化的放弃而取得了诗歌的最高核准权。现在写作的环境宽松了，民刊泛滥，因为已经没有压力，质量也圈子化，圈子就是好诗，非圈子就是差诗。但许多民刊依然沉浸在过去时代造成的幻觉中。民刊很有存在的必要，但是没有必要继续幻想民刊在特殊时代曾经获得的殊荣，在诗歌小圈子里交流也非常好。与此同时，有资金支持的主流刊物应当进一步思考自己的责任，其实在民刊泛滥的情况下，主流刊物的权威性恰恰提升了。主流刊物在编辑方针上应当民刊化，但他们在这方面远远没有觉悟。主流刊物今天有新的契机，但似乎他们的心思已经完全不在编辑刊物上了。

李　东：有人说，您开拓了中国诗坛口语写作的先河，被尊称为"口语大师"。对于"口语写作"，它的探索性和先锋性不容置疑。您当时是怎样进行大胆创新的呢？

于　坚：我没有开拓所谓口语诗的先河。新诗是有历史的，在20世纪，胡适、艾青等一大批诗人都在通过日常语言激发诗的活力上有所贡献。我只是继续，我大学毕业的论文研究的就是艾青。我的写作深受30年代写作的影响，只是在那个时代对日常生活的神性没有我这样的自觉。他们是下意识地"为人生"，因为那时代人生是正常的，还没有成为革命的对象。我的"为人生"则是对时代的反动，是自觉的，我也试图在形而上的层面"为人生"。之所以以为我开了先河，是因为30年代以来"为人生"的写作从上世纪50年代就被中断了，生活世界重新在我这一代诗人笔下出现，人们以为是什么新鲜的东西。先锋并非仅仅是一种创新，它也是已经出现的倾向的深入和继续。我更愿意将80年代再次出现的使用日常语言创造的诗视为一种从胡适开始的新诗的一个向度的继续和深入。

写作是一种生命形式

李　东：文学界有一个现象，就是一部（篇）作品的成功，让大家也熟知了一个地名。您的《尚义街六号》就是这样。请您谈谈尚义街六号到底是一个什么样的地方？当时这首诗歌的创作背景是怎样的？

于　坚：《尚义街六号》实有其地，是我的朋友吴文光的家。大学时期，一群大学才子经常在他家秘密聚会，高谈阔论，那个时代思想活跃但环境压抑。80年代可以说是"中国之春"。80年代中国刚刚从"毛时代"走出来，但是对思想和文化的控制还是非常强硬的。在那个背景下，第三代诗和朦胧诗不一样，已经回到了非英雄化，回到了表现普通人的日常生活，回到诗就是诗。把那些"假、大、空"的抒情主体撂到一边，表达作为普通人是怎样存在于这个世界上。《尚义街六号》先发表在《他们》，1986年又发表在《诗刊》第11期头条，当时追捧朦胧诗那种注重修辞的诗歌的读者看到这首诗很吃惊，这也算诗吗？诗怎么可以写这些！他们已经习惯诗与自己的日常生活毫无关系。写这首诗我是凭直觉和经验，并没有想那么多，比如什么反文化、反英雄。1966年以来的"文革"，最可怕就是使中国人的生活完全丧失了情趣，失了幽默感，整个时代和社会生活变成铁板一块、绷着脸，开不得任何玩笑。"文革"不只是对文化的革命，其实更是对日常生活的革命，文化和日常生活在中国是天人合一的关系，消灭文化必消灭生活世界。《尚义街六号》

重新回到生活的现场，调侃、幽默、反讽这些生活情调。许多搞批评的说我这首诗是什么世俗化，不对，我是将灰色的日常生活神圣化。就像杜甫的《酒中八仙歌》，我是把我的朋友像神一样表现，那个时代诗歌里的英雄神仙都是模范人物，没有普通人的位置，更没有这种消极的普通人的位置。我通过语言的神力把他们放在神的位置，对于我来说，诗歌里出现某人的名字，那就是一种命名。这首诗，我认为在中国的先锋派文学里面，应该是第一次回到了幽默感、反讽。小说的调侃是后来在王朔的小说里才出现的。

其实20世纪80年代以来的中国当代文化，诗歌、小说、电影、摇滚，有很多精神源头都可以追溯到第三代诗歌。非英雄化、表达普通人的灰色的、卑微的、幽默的、诗意的、当下的人生。

李　东：在那个"特殊年代"，您从辍学到上大学期间，先后从事过电焊工、搬运工等工作，这对您后来的生活和创作有着怎样的影响？您如何看待生存环境与写作的关系？

于　坚：生存环境会影响到写作，没有那些经历我不可能积累今天的这些人生经验，我或许是另一个人。写作就是从世界中出来，通过用语言来重建你与世界的关系，处理你生活经验、记忆、觉悟、感受等等。经验展开生命的过程，记忆展开生活的细节，觉悟指向真理，感受消解观念……就像宗教的修行一样，经历其实也是一个写作上的修行的过程。经历也许会影响你的写作能够抵达怎样的深度。但是，仅仅是沉浸在经历中是不够的，必须对经验有一种持续的沉思。简单的经历与复杂的经历并不必然影响写作的深度，重要的是作者对这种经验的把握、思索。艾米莉·狄金森的经历可谓简单，但她的心灵经验非常深邃。她的诗的伟大来自心灵的深邃。她想得很深。就我个人来说，我的经历与那个时代大多数人的经历比起来，可谓非常简单、顺利。

李　东：您认为自己迄今最满意的一部作品是什么？

于　坚：我没有什么不满意的作品，我写每一个作品都是以写第一个，也是以写最后一个作品的决心写的。每一个作品都用尽了吃奶的功夫，如同农民种地，不论要在地里种南瓜、洋芋还是西瓜都需要一样用心境和力气去种。我可以负责地说，我从未胡乱写过任何作品，我不敢。

李　东：您现在的写作状态是什么样子的？每天都坚持写吗？

于　坚：基本上是的。但不是坚持，写作已经成为我的一种生命形式。

李　东：诗歌的标题有时会起到画龙点睛的作用，但您的《便条集》却以编号的形式呈现给读者，这么做是为了与众不同还是别有用意？

于　坚：我早年就写过《作品某号》系列。这是因为有些作品只是表达了存在的某种状态。很难命名，标题很容易让读者联想到某种主题，我不想限制读者的解读。读者可以以我的作品为起点，创造他自己的读法。

李　东：您的作品，不管是诗歌还是散文随笔，都透出一种大气，尤其是《众神之河》，体现出了深厚的文化功底和高远的眼光，这种"功力"来自生活阅历、独特的生命体验，还是其他？

于　坚：大气吗？我不知道。

体验、经验、阅历、阅读和思考以及灵感都是很重要的，这在作者应该成为他自己的一个生命之场。作者应当时刻准备着,这个准备就是体验、生活、阅读和持续地写作。灵感降临在写作的过程中,而不是等待着灵感到来才开始写作。

汉语是用来跟灵魂交流的

李　东:大家熟知的"隐喻"是文学作品中常见的修辞方式,而您提出"拒绝隐喻",有什么更深的用意?

于　坚:汉语是起源于巫。亚美尔人的楔形文字是用来记音、做生意的,要求准确、清楚。后来发展出的拉丁语系是一种线性发展的文字,这种文字通过各种语法上限制,例如阴性、阳性、时态辞格力图使语言准确,更逻辑化、概念化,分类更严格,使语言不容易产生模糊性。比如像用中文和英文写的合同,英文一般来说总是说什么就是什么,准确无误。但中文的就非常含糊,可释性较强。布罗茨基在与奥顿的一次谈话里,也说到俄语和英语,英语是网球,俄语是国际象棋,汉语也是一种迂回的语言,不长于直说。汉语最早起源于巫术,汉语是用来跟神灵对话的,是巫师召唤神灵的一种语言,汉字最早就是将巫师的卜辞记录下来。它不强调精确,而是强调感觉、力量。无论你如何胡言乱语,只要能召唤神灵(心灵)到场就行。汉语不是线性的,它是圆的。就像维特根斯坦说的,意义即用法。汉语要看在哪个语境里,同一个汉字,在不同的语境就有不同的意义。李泽厚也说过,中国文化与是巫有关。

汉语是用来跟灵魂交流的,它天生就带有象征性和隐喻性,它不是直截了当地直指事物,而是一个隐喻就是一个本体。例如"福"这个字,它直接就是福的意义通过符号直接呈现的本体。过年时把这个字直接写出就可,不必解释。福既是喻体也是本体。这个字是图腾式的象征性的,这个象征不是意义的转移,隐喻的,直接就是。我们今天所谓的隐喻,是原始隐喻的发展、历史化的结果。言此意彼是可以说是后隐喻，诗就是这种隐喻。但在最早的巫术、神话里的元隐喻是直接就是。神灵是一种并不存在的东西，没有事实，但你可以在语言的现实中感觉到它。比如雷。人用"雷"这个名呼唤某种自然状态，这个状态就是"雷"这个字本身。隐喻是一种对神灵的召唤。在中国五千年文明的发展中，隐喻已经成为汉语的一种本性，汉语就是隐喻的，中国人都是通过隐喻的方式来说话。隐喻已经成了一种语言工具，大家有话不直说，而是旁敲侧击，隐喻产生复杂的关系、语境，所以听话者要听话听音，听弦外之音。

五千年以来，隐喻的发达使汉语的模糊功能过强，古代中国的诗人们在运用隐喻写作方面已经达到了一种辉煌的极致。作为一个运用现代汉语写作的诗人，我觉得隐喻对我的创作是一股巨大的压力，因为语言本身是一种创造性的活动，你之所以写作是因为至少你在语言上有所创造，你要使汉语更为丰富，你就要创造出不同的说法来，而不是陈词滥调，重复别人喻体。第一个说"女人是花"的人是新颖的，有创造力的，如果我也说"女人是花"，这种隐喻就相当陈旧了。

隐喻在汉语五千年的发展中已经成为一种最日常、最普通、最庸俗、最媚俗的思维方式，作为一个独立的有创造性的诗人，他应该对这种写作的方式有所怀疑，但是，作为一个汉语诗人，他的宿命又是永远逃不脱隐喻。

我所说的拒绝隐喻，它只是一种方法——一种作为方法的诗，有人以为拒绝隐喻是一种本体上的拒绝，其实在本体上你无法拒绝隐喻，但是我在通过写作的过程中，用一种新的方式来复活隐喻；实际上，拒绝隐喻的过程正是复活隐喻的过程。拒绝隐喻，其实也正是要回到原始隐喻的直接就是上去。

我觉得，到今天，汉语已经很难再召唤神灵了。五千年来一直如此说，说来说去都磨腻了、磨油了，现在需要一种方式把它变得粗粝，然后它才可以召唤神灵。乌鸦就是乌鸦，不是

B，也不是C，但如果乌鸦就是乌鸦的时候，乌鸦倒可能也更强烈地是B或者C……

李　东：您如何界定诗与非诗，又如何评判一首诗歌的好与坏？

于　坚：各时代语言的向度不同，说法不同，但诗意依然是那个诗意。判断诗的好坏是基于阅读经验，一个没有阅读经验的读者说某首好或不好，可以忽略。我对诗的判断是基于经典而不是当下。当下的好诗是由于它回应了历史上的好诗。《唐诗三百首》也是一个人的诗选，但是这个诗选基于更深厚的阅读经验，他的阅读经验具有历史化的共享性。

诗的好坏，是比较而言的，仅一首诗或者一个时期的诗，无法说好坏。另一方面，诗其实无所谓好坏，好或坏其实是指"共享"的范围，共享的范围小，也就是不好的诗。但是，敝帚自珍，自己觉得好，那就是好。问题在于，只是一把敝帚，却强迫共享。现在有些作者，通过网络自吹自擂，或者当主编、利用各种制度权力，假冒公信力，强迫读者共享，读者当然横眉冷对，读者是有阅读经验的，他们是从那些普遍共享的经典作品里面获得判断力的。

诗不能仅仅在当下比较，而要在时间的垂直度上比较。共享范围广阔的诗都具有永恒的品格。共享也不是平面化的，而是金字塔结构，有的诗在大众层面共享，有的诗在时代共识长共享，有的诗在智者中共享。但是有些诗人声称的"献给无限的少数"，那少数也太少了点，已经不必献给了。

而这个时代的读者对诗的感觉我以为处于很低的水平，这与阅读制度有关，就是教材也充斥着大量垃圾，它总是选择某些时代性的东西来共享，就是时代已经过时了还在强求共享。这个时代不知好歹的不仅仅读者，诗人也一样，我见过太多不知好歹但自以为是的自吹自擂的诗人。在唐朝，有一流的诗人，也有一流的读者,从官员、市民、强盗到妓女都有一流的读者。我们这个时代的状况是,读者们并不在乎诗,因为诗离时代最远,比小说什么的远多了,一切向钱看的风气使很多读者远远落后于诗。阅读诗歌就像写诗一样,需要一种消极的、唯心主义的态度,而不是是否有用,这是唯物主义。读者跟不上诗的发展,因为在最近三十年的物质疯狂中,现代诗从未须臾动摇,诗人们仿佛是在自我隔绝中写作,不为时代所动,就是读者也丧失了诗的阅读,他们更喜欢有用的知识。诗人的写作却是持续的、深入的。诗从未下海,但我可以说,小说已经下海,仅剩尾巴了。读者对诗的阅读依然停留在 80 年代的那种非常时代的低级阅读水平上,而诗朝着普世的正常高级已经走了很远,当代中国先锋诗的共享范围早已越过国界,仅仅因为它一直在寻求那种古典的、正常而有置身这个世界的读者。

这个时代关于诗的好坏标准只是时代的偏见,我相信时间会水落石出。

诗歌是精神世界的领袖

李 东:我看到过许多媒体报道,2011 年诺贝尔文学奖获得者特朗斯特罗姆一生只写了一百多首诗歌,您在之前采访中也提到"他早该获奖了"。那么您如何看待一个诗人作品数量和质量之间的关系?

于 坚:这个相对于每个诗人是不同的。不在于多少,而在于写出来的是什么。特朗斯特罗姆也有我认为不好的诗,但可能也写了一年或者七个月。我在他家里问过他,他说一个夏天写了四首,四首,是他的淘金,不是他的垃圾。但可能是读者们的垃圾。用一年的时间炮制一首垃圾,也应该致敬。不是写得少就必然好,写得多就次。每个人的天赋、气场、习惯、环境不一样。

李　东：中国诗歌和西方诗歌最大的区别在哪里？您怎样看待这种差异性？

于　坚：中国诗歌更感性，是天然的存在之诗，汉语的诗性质地，使汉语只要说出在场就有诗意。言简意赅。比如"明月松间照，清泉石上流"，没有任何意义，只是存在本身的表现，但多么美！严沧浪说"诗之品有九：曰高、曰古、曰深、曰远、曰长、曰雄浑、曰飘逸、曰悲壮、曰凄婉"，都是感受性的，而且可以说是某种宗教性的感受。西方诗歌则是智性、雄辩、喜欢梳理，很聪明，长于思。因为拼音文字是工具性的，要抵达存在得经过思，无法直接存在。托马斯·特朗斯特罗姆其实是很聪明的诗人，聪明的诗人在修辞上擅长经营。他写得慢，因为他需要长时间的思考。李白的诗则看得出来，许多是一气呵成。汉语保证了他无论怎么写都在意义中，因为他可以只在气上下功夫，不在乎意义，意义仿佛总是浑然天成。在中国诗歌传统中，长于经营的诗是次要的诗。李白、杜甫与李贺、贾岛，后者显然是次要的诗人，虽然比前者写得慢。但贾岛的推敲是在字词的斟酌上，哪一个字可以更准确地表达感觉，与托马斯的慢不一样，托马斯的慢是在思的深度上。这种不同基于我们住在不同的语言之家里面。我说过汉语本身就是存在性而非工具性的语言，汉语决定着汉文明的亮度，诗是文明的最高水平，也是精神世界的领袖。诗有宗教责任。将语言工具化乃是现代汉语的一个趋势，聪明诗人受到西方诗歌影响，长于辞令，巧言令色，是当代诗的一个趋势。其危险是，汉语诗本来更倾向于天然的宗教色彩，长于辞令使这一功能弱化，读者也会丧失对诗的古老信任。西方诗歌长于修辞的精致被注意到并影响了一些诗人，但思这个特点并未引起注意；我倒是以为，就现代诗来说，思非常重要。汉语诗在思上面比较贫乏。语言之思非常重要。而在西方，指向存在之思、富于宗教感的诗也是最高的。狄金森、艾略特、弗罗斯特高于阿什伯瑞、史蒂文斯也是显而易见的。

李　东：您对当下中国诗坛现状持什么态度？又寄予什么样的希望？

于　坚：没有什么希望。无论时代如何，诗将继续。只有汉语汉字存在，诗就会存在。

李　东：作为您的"粉丝"之一，我注意到您早在2006年初就开通了博客，而且人气很高。您觉得网络对诗歌的影响在哪里？

于　坚：对已成名诗人，是否在网络上继续拥有读者，是作品有效的共享性的一个试金石。网络的读者是开放自由的，而不像传统的媒介是一厢情愿、依靠权力强加于读者。最近十年，当代中国最有活力的诗人无不现身网络。抛开各种诗歌圈子、诗歌主张、审美倾向不论，我以为最近十年的诗人可以分为在网的和不在网的。著名诗人遭遇网络考验，作品必须直接面对读者，过去时代由刊物的权力建立的名声一旦失去了齐宣王式的庇护，直接面对读者，作品是否名副其实自会呈现，滥竽充数、名不副实的作品在网络上将门可罗雀。而同时，无名诗人也可以通过网络发表作品直接被真正的读者注意到。网络信任的是点击率、作者与读者的直接对话，而不是权威。我注意到，最近十年，最优秀的青年诗人几乎都来自网络。继续保持活力的诗人也活跃于网络。同时，聪明诗人也意识到网络在建立名声上的快捷性。我注意到，成名成了网络诗歌的一个动力。这深刻地影响了最近十年的诗歌写作。诗歌呈现快餐化的趋势，语言更直接、更浅白、口水化、段子化、广告化、新闻化、杂文化、匕首式，短、平、快，奥林匹克风格。形式千篇一律、诗成了快餐型的、观念、意义、结论片段,耸人听闻,哗众取宠。总想在什么地方戳上一刀,渴望虚拟的象征性的血腥味。最严重的是观念化,诗歌成为观念、意义、结论、是非的载体,语言退隐,意义喧嚣,而这些意义、结论、短小精悍、分行排列的形象思维的关于现实的小论文往往缺乏说服力、令人难以苟同。好诗的标准已经降低到分行论文中的结论苟同者多,那就是好诗。将语言作为工具,指向意义、观念、自我小真理的诗泛滥。指向存在的诗很少。

李 东:您平时看"80后"甚至"90后"作者的作品吗?对于这个年轻的群体,您有什么看法?

于 坚:偶尔看。他们中间也有我的朋友,我以为他们的时间还没有到,慢慢写,不着急。

诗人不要以群体的面目出现,这是最糟糕的。第三代是先以个人的面目出场,之后多年才被批评家概括为第三代。什么叫"80后""90后"?对于诗人来说,我以为是一种侮辱。这是一种新推出的网络游戏么?

访谈时间:2012年7月

梁平：诗人的价值就是担当

　　梁平，著名诗人。著有诗集《拒绝温柔》《梁平诗选》《三十年河东》《汶川故事》《深呼吸》《家谱》等多部，长篇小说《朝天门》。作品被译介到美、英、法、德、日本、波兰、保加利亚、韩、俄罗斯等国。曾获国家"五个一工程"奖、第二届中华图书特别奖、《中国作家》郭沫若诗歌奖等多个奖项。现为中国作协全委会委员、四川省作协副主席、《青年作家》主编、《草堂》诗刊主编，曾任《星星》诗刊主编。

星星之火，燎原诗坛

李 东：梁老师好！《星星》诗刊作为诗歌界第一本公开发行的诗刊，近年来相继被评为国家级中文类核心期刊、国家优秀期刊、新闻出版总署双效期刊等等。请您谈谈《星星》诗刊相比其他诗歌类刊物有哪些突出特点？

梁 平：刊物与刊物，最准确的比较在读者那里，我无能为力。但是，《星星》半个多世纪以来，一直秉承了她的在场与包容。毫无疑问，一是《星星》见证了新中国新诗的发展和一代又一代中国诗人的成长；二是《星星》的格局与气场，注定了她一以贯之的包容，无论什么流派、风格，无论作者有名、无名，都会因为诗歌在这里相聚。来这里的各路诗歌英雄，没有在朝、在野一说，没有正宗与非正宗区别，即使是旁门左道，独家秘籍，都可以在这里演示拳脚，唯真性情是举。

李 东：网络文学的出现，对纸质媒体造成了不同程度的冲击。您觉得网络文学对《星星》诗刊造成了什么样的影响？

梁 平：我认为不是冲击，是互动。网络对纸质媒体没有太大的影响。网络上很多优秀的写手、优秀的诗歌都与《星星》诗刊有很多渗透与交融。只是纸质刊物就像已经成型的建筑，会多几道门，进出不是很方便，也许会阻隔一些优秀的网络诗歌。网络就诗歌而言，是能够长驱直入的场域，自由自在，自然也会涌入一些泡沫，这些都再正常不过了。网络也罢，纸质也罢，读好诗就是享受。我也经常在网络上阅读诗歌，读到好诗也发声，也感动。由我主编、四川文艺出版社出版的《中国诗歌年度精选》已经五年了，以前都是在纸质媒体上发表过的诗歌里面选择，今年将做出以下调整：2012年的年度诗选，将在网络上选一些优秀的诗歌进入年度选本。

李　东：随着社会经济的迅猛发展，纯文学刊物，特别是纯诗歌刊物的生存越来越难。《星星》诗刊作为一本重量级的诗歌刊物，您觉得其发展面临怎样的困境？

梁　平：所有要坚持、要前进的物事，都会遇到困境，刊物也不例外。比如现在面临的刊物改制，就像"山雨欲来风满楼"，一些人惊慌失措，一些人麻木不仁，一些人蠢蠢欲动。往往习惯了使用自己身份的人，就有了巨大的落差，担心身份不保，担心饭碗不保，唯独没有去思考，继续这样按部就班还有多少发展的空间？文学刊物起死回生究竟还有没有新的路径？如果要说困境，就是国家拨款微乎其微，只够保住基本工资，然而体制决定了，你又不能放手开展一些与诗歌有关的业务，只能在"紧箍咒"里打一套形意拳，耍点花枪，尽力维护其自己的门派。

李　东：那您作为《星星》诗刊主编，又是如何应对这样的困境？

梁　平：我也希望把我们的刊物像保护文物一样保护起来，国家增加拨款，作者增加稿费，但我估计悬。即使保护起来了，那就是"保"，低保也是保，一个老房子，围个栅栏贴个封条也是保，与其这样享受一个"保"，还不如不保。中央开会了，省里开会了，我已经"一颗红心两手准备"，具体的态度只有两个字：淡定。是什么样的结果，面对什么样的结果。现在的应对，就是等一个"判决"，无论怎样的来去，《星星》都在，其品质都不会受到影响，因为血是热的，诗歌是不死的。

李　东：众所周知，《星星》诗刊举办的"年度诗人评选""大学生诗歌夏令营"等活动在诗歌界引起广泛关注，当时您是出于什么目的？是为了提高刊物知名度，还是为了发掘真正有实力的诗人？抑或是为了获取经济利益来促进诗歌发展？

梁　平：这些活动都没有经济利益，得益于四川师范大学文理学院董事长韩珩对诗歌的热爱与心痛。韩珩先生是学工科的一个儒商，干练、优雅，他不是诗人，不写诗，但他喜欢诗歌如同喜欢自己的恋人。我们这两个活动所有的资金都是他提供的。一个局外人，对泛滥的中国诗歌评奖觉得"幺蛾子"很多，就希望由《星星》来"正常"一点。"年度诗歌奖"已经连续五年，每年评选一个诗人、一个诗歌批评家、一个在校大学生。我们可以骄傲地说，历届获奖者都名至实归。这个奖项成为了国内真正具有诗歌品质的奖项。"大学生诗歌夏令营"也五年了，每一届全国二十多所高校来参加夏令营的学生都是在校大学生中写诗的佼佼者，夏令营给他们留下了或许是终生的美好。这几年来，这些夏令营营员们已经在诗坛风生水起，不少已经成为国内优秀的青年诗人。

故乡是诗人身上的胎记

李　东：您在担任《星星》诗刊主编以前都从事过什么职业？对您个人的创作或者人生轨迹有什么影响？

梁　平：我出身于重庆的兵工世家，1975年下乡当知青，农活除了犁田没有干过，什么都会。那时候，赶上全国农业学大寨，我积极报名上了农田基本建设工地，当过抬工，当过炮工，还钢板刻印了三十二期《工地战报》。后来当了民兵连长、营长。后来担任工程副总指挥长、指挥长，带领贫下中农修建了一个储水一百二十万立方的水库。后来做过公社党委副书记，江津县文化局副局长，重庆市文化局办公室副主任、主任，重庆市委宣传部秘书长。还担任过大型文学杂志《红岩》的总编辑。我一直认为，人生不是拿来总结的，而是拿来经历的。我相信，每一个经历都是财富，都会在自己的文学作品里传达出来,即使今天还没有传达,也会耿耿于怀,总有一天它会作为作品呈现给大家。

李 东:网上搜到您的一首自题《陋室铭》,全文如下:"四十五年,背井离乡。一二三步,单走独唱。有诗文在,无安生床。原燕鲁公所,现老子作坊。怕不速之客,好几口黄汤。夜来摘星星、揽月亮。无官场堵清心,无红袖添乱忙。是重庆崽儿,就敢作敢当。却原来,天要我爽!"很好奇您当时是一种怎样的生活状态?

梁 平:那是我刚到成都接任《星星》主编时,很真实的心理状态。来了成都,条件非常差,在原来老作协的老办公楼给了我一个安身之所,老到了20世纪80年代、90年代,这房子曾经住过吉狄马加、杨牧,不过我倒觉得那里有一个气场,所以至今我还住在这个老房子里。从政界转场到文化界,应该是转场到我一生不能割舍的诗歌,那份清心与洒脱是前所未有的,也是我梦寐以求的。我觉得,人到中年能够找到自己的位置,真是一件值得庆幸的事。如此而已。

李 东:您的《重庆书》等一批重要作品都体现出了"故乡情结"。您是如何看待诗歌创作和故乡的关系?

梁 平:故乡就是自己身上的胎记。既然是胎记,那就会伴随你一生。问题是应该怎样去表现这样一种情结,使其收放自如,既是故乡的,也不是故乡的,这就有个视野与胸怀。所以说,《重庆书》不是我对一个城市的缅怀,也不是写一个城市的诗性简史,而写的是,人与城市的胶着关系,人与城市的抗衡关系。从这一点出发,我在《重庆书》里选择了两条线索营造全诗的精神氛围,一是这个城市的血型,另一个是人在这个城市的生活经验。一方面,我试图让这个城市的血型浸透人的骨髓,另一方面,又试图以人的生活经验去验证这个城市的血型。于是，我把抒情方向、支撑我想象力的素材范围上溯到三千年的远古，下究至一个人几十年在这个城市的日常生活。在宏大中雕刻细微，在强烈中重视舒缓，以历史事件和个人经历交叉贯穿，虽然它并不构成一个完整的故事或者一个具体的人物，但它有鲜明的主干，这个主干就是这个城市的精神、人的精神。这样，具有不可动摇性的西方史诗里的光明、日神的意象以及传统意义上长诗的叙事手段在《重庆书》里消解了，凸现出来的是，对这个城市精神的一种现代意义上的抒情。我很明白，这种选择的本身，就是一种冒险，从一开始就决定了必须承受史诗概念和传统意义上的长诗的较量。现在可以说，我完成了这个较量。

写作是作者自己的事情

李　东：您的长诗《三十年河东》曾被列入四川省委宣传部确定的改革开放三十年的重点作品，涉及中国社会的政治、经济、文化、法制、军事、外交以及科学教育等多个方面，业内评价是："以高昂的政治激情和细腻的文学笔触，全景式地讴歌了中国社会改革开放让世界为之惊叹的三十年。"您如何看待这部作品？

梁　平：其实一部作品，列不列为什么重点都不重要，因为写作是自己的事情。《三十年河东》写完之后，出版社和有关部门曾几次要我改名，我都没有同意。因为我只有一个希望，就是我写这三十年的辉煌、艰辛甚至苦痛和迷惘，同时需要给我的民族一个心理暗示，这个暗示就是希望我们的民族、国家都应该在体会辉煌之后，随时保持高度的警惕。毁誉只是一瞬间，一个人如此，一个民族如此，一个国家更是如此。有了这样的警惕，我们才能够继续"河东"，才能够在历史的长河中保持这样的姿势,一泻千里。一个题外话,去年的"鲁奖"评奖结束后,有人告诉我这个名字也是这次被拿下的很重要的理由,我听了以后,很开心地一笑,笑得很得意,这份得意就因为这个成为了理由。其实大家都很清楚,很长一段时间以来,当代"主旋律诗歌"的创作很大程度在艺术上受到质疑,这不能把责任推给读者和评论家。事实上,这类题材的诗歌创作绝大部分已经弱化、远离了艺术。假,姑且不说,大而无形,空而无象,甚至口号标语似的呐喊从上世纪50年代延续至今,似乎凡触及这样的题材就应该这样去写。这是写作上的误区,这个误区导致了人们对这类题材的书写的成见。但需要注意的是,这绝对是介入中国社会或者见证国家变化的一种方式。优秀的诗人一定要和社会有"瓜葛",即是要具备理解、分析、把握这个社会的能力。"诗言志""文以载道",讲的就是精神、品格、担当,为什么现在的诗人少有这种担当?三十年间,我们经历了翻天覆地的变化。文学如果和中国社会三十年改革开放的巨大变化隔离开来,就是文学的悲哀。短诗写作确实无法满足我的抱负,不能表达我对中国社会的期待,可以说是在一种责任感和使命感的驱使下,我创作了《三十年河东》,我试图改变政治抒情诗"集体言说"的方式,并以我自己的最大限度保持了它的艺术品质。除了诗歌,文学的其他门类无法如此全景地展示国家形象。对此,诗人有责无旁贷的责任。我就把这首诗的特点定位在诗性、史性、知性上。我希望我写的所有的诗歌,与我们的民族社会有关,与五千年文化有关。我希望读者能够在《三十年河东》中重新体味这三十年的艰辛、卓绝、温暖和壮丽,使之成为中国改革开放的文学见证!

李 东:您的诗人身份被大家熟知,但是作为小说家的一面,可能大家比较陌生。您觉得诗歌创作和小说创作之间有明显的冲突或者矛盾吗?

梁　平：我就是一个诗人，写过小说纯属客串。这么些年，我对小说的阅读一直保持很高的兴致；由于个人经历丰富，也许在以后闲下来了，我会认真学习写点小说，因为我的生活经验，有很多是诗歌不能传达的，如果要找一个出口，那就是小说。

李　东：在诗歌创作上，很多人对口语诗褒贬不一，有人认为先锋，有人认为探索性强、利于流传，您对口语诗持什么态度和观点？您如何评价一首诗的好与坏？

梁　平：一首诗无论怎么写，好与坏是逃不过人的眼睛的。对于口语诗，不能一概而论，真正能够写好口语诗是诗人的高难度、高技巧，因为它能够在没有附加词语作为饰物支撑的前提下，在貌似简单的口语里，写出大境界大气象。但是同时，也有相当一批人把口语写成口水了，那不是口语诗的错。伊沙《新诗典》推出了不少很优秀的口语诗就是例证。

诗人的价值就是担当

李　东：在"5·12"大地震之后，您曾在余震中写下了《我们，为汶川罹难的生命默哀》等一系列重要作品，给灾区人民带来了光明和力量，体现出了诗人的价值。您觉得诗人的价值还体现在哪些地方？

梁　平：诗人的价值就是担当。简而言之，一是对社会的担当，诗人不能不与你生活的这个时代发生关系，关于社会、关于生存、关于人性、关于生命的种种思考，无疑需要诗人去担当，而且应该在自己的诗歌里找到这样的担当；二是对汉语担当，诗歌是语言的艺术，是站在汉语最前沿的艺术门类，诗歌的现代与传统，探索与创新，都是以汉语为基本的，诗歌对汉语的捍卫要成为每一个诗人的自觉。说到社会担当，具体到我们面对一个公共事件，一个民族的灾难，任何一个有良知的诗人都会凸显这种担当。"5·12"大地震，中国诗人和亿万百姓又一次血肉相连、息息相关，面对灾难，借以诗歌爆发的真情实感，为罹难的死者祈祷，为震后的心灵疗伤，为废墟上血与泪的疼痛和悲壮保存了一份特殊的记忆。这个时候，诗歌本身就值得尊重。但是，我们不得不承认，浸泡在血泪之中的诗歌，感受基本一致，表情基本一致，所以汪洋中翻卷的无数浪花，都有相似的规格和相似的造型。这尽管是第一时间诗歌不可避免的现象，但是最终，面对如此巨大的人类性的灾难，作为诗歌的文学贡献，我们更期待的是，从文学意义上的纵深拓展，中国诗歌应该拿出与此相匹配的具有独立艺术品质和个人经验思考的，更具有震撼力和生命力的作品。汪洋之后，我们应该沉静下来，用我们的诗歌在废墟上分拣出人性的高尚和卑微、精明和愚昧，真正把握大灾难带给我们民族精神的意义和生命的高度。"5·12"大地震，我身临其境，我的身份决定了我自己该怎么做。从"5·12"到"6·12"，整整一个月没日没夜的工作，参与电视台、电台全球直播、全国直播的节目，组织大型诗歌朗诵会，编辑大型诗歌摄影画册，组织诗人深入抗震救灾第一线，一个月体重一下子减了八斤！高洪波主席带队来灾区看见我的时候，非常心疼地说："看见你脱相到这个程度，就知道了你们的日日夜夜。"那个时候，全国各地诗人有组织地、自发地悄无声息地到灾区，白天参与救援，夜晚在灯下写诗，很多人来了怕耽误我们的工作，都是离开以后才一个信息告知。所以后来当我听说了一个沿海的诗人，道貌岸然，假借抗震救灾的名义，居然在那个时候来成都"泡妞"，真他妈想把他抓来撕成八块！

　　李　东：您认为当下四川诗歌和陕西诗歌，与全国诗歌相比，有什么差异和各自的优势？

梁　平：四川、陕西两个省都是中国诗歌的重镇。虽然都是在西部，都有很深厚的文化背景，但是各自的特点还是很明显的。这是一个很大的话题，简单地说，四川诗歌多元格局下对文化经验的梳理与背叛，与陕西诗歌多元格局下对大唐文脉气象的坚守以及对黄土大漠彪悍、粗粝的呈现，都是卓有成效而又自成一格的。

李　东：诗歌抄袭事件时有发生，您怎么看待这个问题？对此，您作为诗歌刊物主编，在编审过程中，具体采取了哪些措施，来抵制这种不良风气？

梁　平：抄袭是为人不齿的。《星星》曾在扉页，用了整个黑色的版面，写下一行白字："我们对抄袭者说：不！"我想这就是我的态度。实事求是地讲，在编辑过程中，能够完全杜绝是很艰难的事情，当然编辑需要广泛阅读，要有判断，但不能做到万无一失。重要的是写作者自身的修为，不要去干这样的蠢事。我们的措施就是，一经发现，自曝家丑，公之于众。

李　东：《星星》诗刊的"大学生夏令营"，在发现和培养文学新人方面力度很大，已经成为品牌活动。您个人也非常重视青年诗人，对"80后"甚至"90后"诗歌创作现状和队伍，您有什么看法和期望？

梁　平：年轻就是资本。《星星》一直关注、扶持和重推青年诗人。"80后"诗人已经构成一个庞大的阵容，成绩斐然。"90后"有一些也开始崭露头角，势头很好。这是中国诗歌一个很好的生态。但是现在，出现一个非常不好的现象，只要是年轻的诗人，稍微有点成绩或者得到了哪里的关注与扶持，就会遭来很多非议，这是一种很阴暗的心理，不可取，而且应该起来共同抵制这样的怪象。我为那些遭到非议的同道表示严重鸣不平。人都年轻过，也都是要老的，年轻人受到关注，有了成绩应该高兴。我想说的是,对于年轻的诗人一直是《星星》关注的重点,我们将一如既往。

访谈时间:2012 年 7 月

燎原：经典性作品也在检验阅读者的资格

燎原，1956年生于青海。著名诗歌批评家，威海职业学院教授。著有批评随笔集《地图与背景》，以及《海子评传》《昌耀评传》等专著多部。主编《二十一世纪十年中国独立诗人诗选》《昌耀诗文总集·增编本》。

被动是一种神奇的力量

李　东：燎原老师您好！很高兴我们再次对话。上次泛泛而谈，这次想就某些问题深入交流，并与读者分享。还是先从《海子评传》说起吧，它被公认为是二十年来解读海子的经典之作，您当时怎么会想到去写这样一部评传呢？

燎　原：关于写作《海子评传》的起因，大致情况是这样的：1997年初冬，我接到一位名叫胡志勇的陌生人从北京打来的电话，说他读过我几年前（应该是七年前）所写的《孪生的麦地之子——骆一禾、海子麦地诗歌的启示》等文章，觉得我能够、也应该写一部海子的传记。在谈论了这样一部书对于中国诗歌的意义，乃至未来的历史意义后，他极力鼓动我来干这件事。这就是关于这部书最早的动议。

然而，能写一篇关于海子诗歌的文章，就能再写一部相应的书吗？我感觉不出两者之间充足的逻辑关系，因此，当时就回绝了。这首先是因为，我对自己能否写出这么一本书，的确没有把握；其次是在我的感觉中，还有比我更合适书写这部书的人选；最后，则是对这样一部书写成后能否出版没有把握。然而，胡志勇并未就此放弃，三个月后又专门前来威海对我游说。基于同样的原因，我仍未答应。直到1999年初，胡志勇再来电话，说他已为这部拟议中的书找到了出版人——新华社《半月谈》读书俱乐部的负责人，也是兼有做书业务的张修智。我随之与张修智进行了电话交谈，在商讨了这部书的基本格局后，我拟订了一个大体框架，既而借在成都参加一个诗歌活动的机会，之后径直去了安徽海子的老家采访。接下来，我又前往北京，与张修智谈妥了书稿的基本要求，以及稿酬、交稿时间等事宜，并签了出版合同。再接下来，就是在业余时间昼夜兼程地赶写书稿。直至这一年的12月28日凌晨，完成了全书二十六万字的书写。然后，我第二天即前往北京，赶在合同约定的最后期限——12月31日之前交稿。

交稿时还有一个环节，就是对书稿质量的验收。张修智在大略翻看过其中的几个章节后说："行了，我们喝酒去。"席间，由其下属向我移交了稿酬。应该说，这是一个高雅而庄重的时间片段，我们双方都在为一部重要的书而严格履行合约，但事后回想，怎么都像是一手验货一手交钱。

再回过头来说一下此书的"始作俑者"胡志勇，他自称是一个"漂"在北京的文艺界的"包打听"。他不写作，但文化判断力极好，与北京文化界的诸多名流似乎都很熟悉。但奇怪的是，此书出版不久，他就从我的信息世界彻底消失，以致此刻谈起他时，恍然觉得我是在讲述一个天方夜谭的故事。

李　东：您的《海子评传》目前有三个版本。那么在《扑向太阳之豹—海子评传》之后，是什么力量促使您两次修订？

燎　原：什么力量？我想首先是一种被动性的力量。从1992年我谈论西部诗歌的专著《西部大荒中的盛典》出版至今，我一共出版和修订了九部书，除了其中的《昌耀评传》外，其余都始之于他人的约稿或提供了现成的出版条件。我想这并不意味着我的幸运，而是老天爷为我安排了这种特殊的写作方式。进一步地说，写作是我能够把握的事，出版是我无法把握的事，因此，我只愿致力于自己能够把握的写作，不愿为没有把握的出版去费神。然而，当这种被动性力量构成了我基本的写作机制时，则对我形成了唤起、激发、拓展与深化的能量。如果没有这种被动性的力量，我的许多书与文章大概就不会产生。但这只是事情的一个方面，另一方面，还在于我所具备的响应能力，亦即当一个你能够做的事情前来召唤你去做时，我能够把这件事做得结实而彻底。

细想起来，这种被动性力量之于我，内中还潜藏着另外一种关系。作为一个诗歌批评者，我的职业本能是判断评价诗人的作品与潜能，但与此同时，别人也在观察判断着我的工作。当你的表现获得了他人的认同，他们甚至还从中感受到了连你自己都未意识到的你的潜在能力时，这种神奇的、被动性的力量就开始接连出现。当然，我只干我能干并且愿意干的事，而不会被这种被动性的力量牵着鼻子走。

再说《海子评传》的事。没错儿，它共有三个版本，第一个版本就是前边说到的《扑向太阳之豹—海子评传》，2001年由南海出版公司出版；第二个版本为《海子评传（修订本）》，2006年由时代文艺出版社出版；第三个版本为《海子评传（二次修订本）》，2011年由中国戏剧出版社出版。后两个版本也与第一个一样，都是缘之于上一个版本在市场脱销后，出版社或图书机构联系我希望再版。但它们都不是普通意义上的再版。由于上一个版本出版后，相关人士又为我提供了传主诸多新的信息，同时还缘于我对其中许多事物感受力的深化，因而在后面的版本中都一次又一次地施行了大规模的"手术"，使之更趋结实与精确。尤其是最后一个版本，我认为它已具备了在时间的摇撼中可以不动的品质。而这种堪可自我告慰的良好感觉，也是我两次修订的主要动力。

李　东：海子是一个性格孤僻的诗人，这可能使得您的《海子评传》搜集资料过程和写作难度大大增加，但我们在阅读这部评传时，并未感觉到有缺陷，可见您的责任心和耐心。能否谈谈这个艰辛过程中您印象比较深刻的一些事件？

燎　原：就谈一件吧。书写这部书时，虽然做了诸多的前期采访，但动笔之前，你并不能完全预计到写作时还会遇到什么问题，所以写作过程中对诸多问题反复地电话求证，就成了一项重要工作。比如海子去世前的两个来月中，曾写出过七八首有关太平洋的诗歌，构成了一个蹊跷的专题板块。在经过反复的琢磨推敲后，我隐约感觉到它与海子的第一个女友 B 有关。

也就是说，B于几年前毕业去了南方后，此时很可能又去了太平洋彼岸的美国。而海子走火入魔般地写下这批诗作，则潜含着他临终前诸多头绪交织纠缠的绝望，包括对于B的灼烫心念。但这个推论是真的吗？经过曲里拐弯的电话追寻和线索梳理后，我最终把电话打到了B在内蒙古某报社的姐姐的耳边。然而，对方一听到是海子的话题，立时戒备了起来，不愿多谈。于是，我向对方介绍了B在这部书中激发了海子写作的基本形象，现在只求证B是否在××年去了美国。对方似乎因此才放下心来，给了我一个肯定的回答。这一悬疑也随之水落石出。

但这个"责任心和耐心"，只是传记类写作者所应具备的基本品质。写作中类似的情形，我愿意把它们归结为我良好的直觉和推断、考证的本事。我想借此而一个一个地发现问题，解决悬疑，使读者再以此书去对应海子的诗歌时，能够获得确切的解读依据。

生活阅历是写作的核心资源

李　东：与《海子评传》相比，《昌耀评传》的写作特点发生了明显变化，单就篇幅来看也显得更加宏大。这是否与您在青海生活过多年，对昌耀生活环境的熟悉有关？

燎　原：前边已经说过，《昌耀评传》是我唯一主动书写的一部书，也是我迄今为止最重要的一部书。或者说，我此前的所有写作都是在为写出这样一部书做准备的。它综合了我大半生的社会人生经验、大地山河阅历、精神文化蓄藏和专业学术训练。

至于我和青海，并不是我在其中生活了多年的问题，而是我在本质上就是一个青海人。虽然我祖籍陕西，并在关中乡村度过了少年时代，但我却出生于青海的一个骑兵团，且在青海读高中、做知青、当工人、上大学，长期从事新闻编辑工作，直到1992年三十六岁时调入威海。这期间，我曾时常行走于高原腹地的山川草原和星空下的江河源头，胸中灌满了大高原的信息，以致憋得难受。这一切，显然与诗歌相关。我是在青海开始了自己的诗人生涯，并在离开青海后结束。我在自己的诗人生涯之初，结识了从流放地归来的昌耀，当时是1979年，"文革"结束不久的中国主流诗人们除了政治抒情诗，大致上还不知道该有其他的什么诗，当然更不知道其他的诗该如何写。而昌耀，则以他压缩了神奇高原风物和大地历史信息的短章及长诗，让我产生了"除却巫山不是云"的感觉。

昌耀改变了我的写作。我从他那里学会了修辞与造句，并因着他诗歌中的信息，而把注意力投向了草原民族史、文化人类学等方向上的研究，由此而于我在青海的后半程，开始了我的诗歌批评生涯，自此而直到现今。

青海的岁月是我写作的核心资源。虽然我在威海的感觉还不错，但却与威海从属的山东没有关系。我的写作资源与山东互相拒绝。书写《昌耀评传》时我已移居威海十二年，但当年憋得我难受的那一窝能量反而越憋越胀，而我写作中注定的这部《昌耀评传》，就是这一能量的释放。

的确，比之二十六万字的《海子评传》来，这部四十三万字的评传体量更为宏大。但它不纯粹是一部关于诗歌的书，而是一部关于诗歌及其生成背景的书。它对昌耀人生不同时段的国家政治时势，不同流放地的山河地理生态，当地民族与人群流变的历史渊源，由此积淀的土著风土习俗，进行了深入的描述。在此背景上凸现昌耀大地性诗人格局的生成，及其诗歌中底色性的高原异质元素。

李　东：海子和昌耀可以说都是诗坛的奇迹，也是您目前作品中评论最多的两个诗人。如果把两个诗人放到一起，您觉得各自对诗坛的影响在哪里？

燎　原：海子的诗歌分为两个部分，一是他的短诗，二是由"河流三部曲"和"太阳七部书"所构成的长诗及其诗学笔记。如果说，他的短诗所体现的，是一个抒情性的天才少年形象，那么他的长诗则伏藏着尼采式的激烈，以及在大地与太阳之间解析人性之谜和人类社会之谜，进而探寻超越人类宿命性的灾难轮回之道——这种史诗性诗人和哲人的梦想。

这话听起来有点玄，但只要搞清了建立这些长诗的资源，你便会对此有一个大概的想象。简单地说，作为农家子弟，海子对中国乡村的饥饿和苦难有着刻骨铭心的感受；作为一个"野蛮的文明人"，他的阅读量大得难以想象。他饱读了中国先秦文化经典、希腊与印度史诗、德国古典哲学等等，那些具有源头性质的大书；他神不守舍地在青藏高原、北方草原的现实与历史中反复漫游。他就是在这一切阴沉黑暗的、光焰缤纷的信息中，看见了常人所不能看见的，也写出了常人看不大明白的系列长诗。

人类历史上有许多我们读不明白的东西，这是因为其中蓄藏着我们不能对应的智慧与能量，比如《易经》之类。阅读那种高深的混沌性状的"奇书"或经典，需要相匹配的信息感知系统和本事。这也就是说，并不只是读者有权选择作品，作品其实也在检验着阅读者的资格。在许多时候，由于信息感知系统的不相匹配以及心态问题，你有多高的专业学历也不管用。

海子在离世后迅速成为一颗明星，并在十多年的时间内几乎"一统天下"。但戏剧性的是，此后至今，他却不时成为业内精英们质疑调侃的对象。迄今为止，海子对于诗坛的影响，仍限于他那些麦地、村庄、草原，以及"面朝大海，春暖花开"之类的短诗。这些直击人心的诗篇，改变了一个时代的诗歌面目，并且至今余响不绝。但他的那些长诗之于中国诗坛，则被视作沙漠上的空幻城堡。这也就意味着，我们在推崇着一个我们能够理解的、通俗化了的海子时，对于他那些储蓄了巨大诗学能量和精神能量的长诗，我们的阅读本事却没有丁点儿长进。依据批评界与研究界追风趋时的习性来看，海子的长诗作为中国现代诗歌新的遗产与资源的时日，将会越来越远。

  与海子相反，昌耀的诗歌在遭受了长期的冷落后，近十多年来却受到了越来越深切的关注和研究。与海子相比，昌耀不是一个天才性的诗人，但却是一个有着特殊的诗人禀赋，为大地和苦难造就的诗人。海子的类型在世界诗歌史上没有可供比较的先例，昌耀却适合用苏俄时代那些为大地和苦难所造化的诗人艺术家们，诸如陀思妥耶夫斯基、帕斯捷尔纳克等做比较。因之，对于昌耀诗歌的认知，总有我们这个反复经历着苦难的民族，来自经验性的依据。但这只是部分性的昌耀，他矿石般的诗歌语言、他诗歌中深邃的意象密码和神性部分，仍然有待测度。

  而这样的作品，才是本质意义的诗歌。恍若一个微型的宇宙星系，饱含着可供一再探求解析的未知部分。平白如水的作品你把它说成诗歌也行，但它们却是不配研究、没有研究价值的诗歌。

诗歌滋养人类的智慧与文明

  李　东：除了享誉诗坛的《海子评传》《昌耀评传》，您还写了大量的诗歌评论文章。那么您是如何选择评论的作品呢？

  燎　原：是的，我的基本工作并不是书写评传，而是从事诗歌批评。除了关于海子、昌耀的一些单篇评论外，我比较重要的文章还有系列诗歌文论《当代诗潮流变十二书》《中国新诗百年之旅》，涉及了当代共四十八位诗人的《当代诗人点评》（后由诗人黄礼孩更名为《一个诗评家的诗人档案》，以民间书刊的形式出版）等等。

我选择评论作品的原则很简单，就是它们是否呈现出了前所未有的新的品质，从而使我为之惊奇。

李　东：俗话说："仁者见仁，智者见智。"对于诗歌作品，同样的作品肯定也有不同看法。从这个角度讲，评论家的某些观点可能会遭到反驳甚至质疑，您是否遇到过？

燎　原：我有这样一个记忆：大约是2002年左右吧，有人写出过一篇大概名为《昌耀的悲剧》的文章，文章的主旨似乎是要把昌耀从"神坛"上拉下来，因此，把包括我在内的骆一禾、韩作荣等等书写过昌耀代表性评论的人横扫了一通。但若干年后，我又看到了此人与一位女士合写的关于昌耀的论文，却换了一副面孔似的热情洋溢，这从逻辑关系上来看，又竟像是对我等的赞同。因此我不知道我所遭受的那次横扫，算不算你所说的"遭到反驳甚至质疑"？

李　东：当许多编者、诗人都在探讨新诗如何突破困境、如何发展时，您却说："眼下的诗歌——姑且把它设定在21世纪新十年这一范畴，既是当代诗歌史上最为正常的时期，也是最富文本成果的时期之一。"您的这种说法基于什么？

燎　原：我不知道这些"编者、诗人"又是基于什么，认为新诗陷入了困境？我的判断则是基于比较。亦即：如果说当下的诗歌陷入了困境，是诗歌史上最糟糕的时期，那么，什么时候的诗歌没有陷入困境，是诗歌史上最好的时期？难道是从1949年到1979年的"文革"前三十年，那个在极权政治的操控中，由大话、狂话所充斥的全民性的诗歌乡场化时代？不错，1979至1989年改革开放之初的十年，当代诗歌出现了一个骤然凸起的黄金时期，但现在回过头来再冷静考察，当时诸多轰动一时的诗歌，却存在着诗歌的社会学光芒，掩盖了其文本上的简单这一缺陷。而 21 世纪新十年的诗歌所呈现的，则是诗人们摆脱了此前阴影般笼罩的大一统的潜命题写作，进而摆脱了类型复制后，各自追求独立文本建造的格局。由此而在似是波澜不惊的表象之下，实现了文本内质海底大陆架般的整体隆升。

是的，当下的诗歌在社会事件中的声音并不响亮，但它应该响亮吗？小说等文体的声音就比诗歌响亮了吗？

这涉及对于诗歌功能的理解问题。在我看来，诗歌在本质上是以独立的艺术形式而存在的文化、文明形态，它属于更为深远的精神层面，而非社会工具层面。它以潜移默化的形式滋养人的智慧与文明——包括对于野蛮和邪恶的精神抗衡，而不是作为强行施加的舆论工具，解决现实中的具体问题。

关于诗歌困境的话题，是一个由媒体制造的乌泱泱的话题。这个话题被轮番炒作，说明媒体制造噱头的想象力已经陷入了困境。

李　东：您在之前的一个诗会上谈到"衡量一个时代的诗歌状态，最重要的标准就是相互之间的差异性"。那么您怎样看待垃圾派、下半身、废话体等这样一些诗歌派别的出现？

燎　原：这类写作的起因，在当时的语境中叫作"消解"——对伪崇高、伪深刻、伪严肃的反其道而行之。比如你以道德优势高喊诗歌是神圣的，提倡要用大脑严肃思考，教训诗人们要用诗歌承载深刻的思想……你把几十年来一贯正确的东西又拿出来装腔作势教训别人标榜自己，你已让我烦不胜烦，但我已经没有兴趣跟你争论，最有效的反击就是拿出作品对着干，于是，我就垃圾、我就下半身、我就废话。

其实当代诗歌的"派别"远远不止这几个，你以它们为例大约是因为这几个的名号特别扎眼。但这种命名还是一种策略，它以相反方向上极端性的、恶作剧式的命名，一方面强化着叫板的力度，另一方面也更能吸引眼球。

但名号不是事情的关键,最重要的还是作品。就我所读过的早期下半身成员中部分人的部分作品来看,它们用似是荒唐的语词以及佯谬的方式所表达的,则是对荒唐人生、荒唐事象一针见血的指证,并且不乏深刻与痛楚。比之那些一贯正确没滋没味的老生常谈,这其中的一些诗作甚至谈得上精彩。而它们以佯谬等方式呈现的艺术的娱乐精神,则为当代诗歌写作注入了新的元素。

坚守独立客观的学术良知

李 东:2005年,网络上出现了"中国当代诗坛三十六天王",您以"诗评天王"名列其中。在数量庞大的中国诗人中,这次入选也证明了您在诗评领域的影响力。你如何看待这样的荣誉?

燎 原:好极了,这样的荣誉让我乐不可支。就此我还想再补充一二。除了2005年的这个"诗评天王",我还在2010年同样是三十六人的"新世纪十年中国当代诗歌精神骑士"榜单上,被封了一个"当代诗歌金哨"。这两顶"桂冠",是由第四届和第六届的西峡诗会组委会联合其他机构,先后加冕给我的。此外,我在网络上还看到过一位诗人对当代诗界类似于"一百单八将"的诗歌与封号。写我这首诗的标题为《中国诗评界的铁笔判官》。

"天王"和"铁笔判官"的封号,使我恍然成了《封神演义》中的人物,我没有理由不为之开心。而"当代诗歌金哨"的名号,似乎更正经一些,尤其是给我的授予理由——"他独立客观的学术良知是中国当下诗坛的幸运",让我感觉极爽。

但我的表现真的与此相配吗?我只能说,"独立客观的学术良知",的确是我的立场,但更是诗歌写作界对于批评家的愿望。

假若我此前所干的真的还行,那么,我会更加爱惜自己的羽毛。

李　东:您早期写诗获过许多诗歌奖,后来却以诗评为主并大获成功。您现在还写诗吗?写诗歌和诗评对您有什么不同的意义?

燎　原:自1992年调离青海后,我已彻底终止了诗歌写作而转向诗歌批评。

之所以如此,是因为我没有能力写出我想象中的诗歌。诗界曾流传过一句名言:只有诗歌写不下去的人,才当评论家。这个定律肯定不适合其他评论家,但却适合我。

至于写诗歌和写诗评对我有什么不同的意义,我能够做出的回答是,我想象中的那种诗歌对我来说实在太难了,在其中勉力而为会让我难堪。我想象中的诗歌批评同样很难,但我干这件事的本事似乎要大一些,我会无限接近我想象中的那种标高。之所以能够如此,应该与我在曾经的诗人生涯中,所体悟到的复杂幽微的诗歌经验有关。

李　东:在您的评论中,我们处处都感受到"用诗歌的语言评论诗歌",这是因为您之前写诗的原因,还是您在诗评中特意追求的?

燎　原:许多人对我的评论语言都有深刻印象,某个特殊的时候,连我自己都成了这"许多人"中的一个。说一个例子:上世纪90年代后期吧,新疆某诗人寄给我了一本他的诗集,篇首是当地一位张姓青年评论家所写的序言。在读到序言的第二段时,我突然来了精神,先是对他的语言方式深感惊奇,继而觉得与我的语言风格简直不谋而合,直至读到最后,才发现这让我深感惊奇的文字,原来就是我的!来自我多年前出版的《西部大荒中的盛典》一书。四千多字的序言,作者只是为它安了一个头,收了一个尾。而我则借此于无意之中,为我自己的文字惊奇了一回，谢谢张青年。

关于我自己的语言方式，前边已经涉及，我在昌耀那里学会了另外一种修辞与造句。这当然还与铁色的青藏高原渗透给我的场域信息、我特殊的文化关注和阅读选择有关，也与我自己的性格类型有关。

"用诗歌的语言评论诗歌"并不是我的刻意追求，甚至我对评论中过分的诗意化文字还有点反感。我只愿意在透彻的基础上把话说得有劲，说得有意思，让语言在充分呈示客体意蕴的同时，也以其自成系统的艺术魅力，成为可供欣赏的独立文本。

我曾见过这样的高论：评论的最高境界，就是评论家在评论对象的世界中消失。但我觉得无论怎么说，这事都划不来去干。

李　东：目前我们读到的评论大多是全篇赞誉、相互吹捧，但在您的评论中却感受到的是客观、公正，不乏苛刻的批评，这有可能造成"出力不讨好"的结果。您觉得作为一个评论家应具备的素质有哪些？

燎　原：你在我的评论中"感受到的是客观、公正，不乏苛刻的批评"，这话我肯定爱听，用无厘头的方式进一步地表达：要不我怎么能被封为"当代诗歌金哨"呢？

但我更想表达的是，在我以及其他人漫长的写作史上，大都受过不客观、不公正的对待；对其他人相互吹捧的肉麻，也都深恶痛绝。那么，在我们获得了相应话语权的时候，难道还能接力性地去继续丑陋？

至于一个评论家应具备的素质有哪些，我自己的感觉是：眼力、心地、真理感，兼具屠龙之功和雕虫之技。

李　东：作为诗歌评论家，您如何看待中国新诗的现状？又如何看待新生代的诗歌写作，对年轻作者有怎样的期待？

燎　原：第一，如何看待现状的问题，前面已经谈过，用我一篇文章的标题概括性地表述，就是"当下诗歌，诗歌史上最正常的时期"。第二，因为尚未建立起相应的阅读印象，我对新生代诗歌的写作没有看法。第三，对年轻人表达期待是大人物的情怀，而我显然不是。至于你从评论家的意义上要求我，我只能说，诗歌理论并不能指导诗人的写作，它只能给出有限的启示。具体到年轻作者的路该怎样走，我的看法是，一个诗人或一代诗人的成长，除了个体的天赋因素之外，更取决于一个时代的总体场态或曰"天机"。从世界诗歌史的范畴看过去，每一个时代都有属于自己的诗人，乃至属于自己的杰出诗人和杰作。此事不可规划，但也无须发愁。

访谈时间：2012 年 10 月

刘醒龙：文学是一种福音

刘醒龙，1956年生于湖北黄州。著名作家。现为中国作协主席团委员，湖北省作协副主席。著有长篇小说《威风凛凛》《生命是劳动与仁慈》《痛失》《弥天》《圣天门口》，以及长篇散文《一滴水有多深》，出版有多卷本小说集《刘醒龙文集》等。《天行者》获第八届茅盾文学奖。

小说的根本是对人的关注

李　东：刘老师好！很荣幸和您对话。我曾在一篇报道中读到，您创作《圣天门口》总共用了六年时间，开过三次头，废弃过十七万字，还写垮了三台电脑。尤其是"写垮了三台电脑"，这是一种夸张说法还是真有其事？

刘醒龙：迄今为止，我一共用过十台电脑。第一台电脑也是我家的第一台电脑，是台兼容机，第三台是联想的台式机，都扔了，只有第二台还在我家的某个角落里放着，留作纪念。那是台宏碁笔记本电脑，显示屏的连结处，用强力胶补过几次。第四台也是联想台式机，第五台是索尼笔记本，第六台又是联想台式机，第七、第八台是联想笔记本，第九、第十台是联想台式机。第八、第九、第十台还在用，笔记本用于出差，两台台式机分别摆在办公室和家中书房。我在写作中有洁癖，以往用稿纸，只在稿上有一只墨团，就会撕掉重写。改用电脑后，只要电脑系统出问题，多次重装也无法纠正，心里就会动"杀机"。

李　东：《圣天门口》收获了很高声誉，在被改编成电视剧播出以后，其深刻的思想内涵和独特性赢得了良好口碑，并应"粉丝"要求进行了重播。您如何评价该剧，又如何看待作品改编？

刘醒龙：电视剧的事，由爱好电视剧的人说去。我不大看电视剧，但绝对支持任何艺术门类中，那些有独创性的探索。

我对任何改编都顺其自然。改编后对小说的原味阅读，肯定有影响，这是必然的。一部好的小说，改编成影视后，还原性几乎是不存在的，因为影视本身是另外一种艺术形式，它不可能照着小说来做，它有自己的传播方式，有自己存在于世的理由。如果它和小说是一样，那还要影视干什么呢？

李　东：《凤凰琴》《秋风醉了》等小说被改编成影视作品，

荣获了多项大奖。您觉得文学作品和影视剧哪个更具有艺术感染力？您怎样看待这两种传播方式？

刘醒龙：阳春白雪和下里巴人，谁喜欢什么，是各人的自由。通俗的东西因为流行，传播得快。经典的作品，在传播上讲究的是深远。

李　东：您并未担任过乡村教师，但是《凤凰琴》和《天行者》都是关注乡村教育、关注民办教师命运的重要作品。是什么原因让您的写作视角聚焦于此？写作素材是如何获得的？

刘醒龙：小说的根本是对人的关注，而非对某个方面或某些人群有何特别兴趣。小说人物的职业与身份，只是人所穿着外衣，并非是人本身。我个人只是喜欢用文学性书写，来表述各种位置的小人物命运。

民办教师可以说是一个最不起眼、最卑微的群体，但他们对20世纪后半叶的中国乡村社会起到了至关重要的作用，对于这一点，我太感同身受了。在我求学时，老师中就有民办教师。上初中时，学校里管教学的副校长就是民办教师；而且我的中学同学中，有三分之一成了民办教师。这个群体在当时是一个日常存在。当历史行进到今天，回头去看，才发现这些日常存在的普通人对中国乡村社会进步起到多么大的作用。

写《凤凰琴》时，主要出于一种感动。在我离开待了十年的工厂，到县文化部门工作的最初两年，总看到一个瘦弱男人挑着箩筐在街上捡垃圾。他虽然衣服破旧，但穿得整整齐齐，草帽压得很低，看不见脸。后来才知道，此人曾是离县城十多里一所乡村小学的民办老师，因为政策原因被清退了。他教了二十多年书，已经干不了体力活，但又有一家老小要养，没办法只能捡破烂，因怕被自己的学生看见，才故意用草帽遮挡自己的面部。这位民办教师的形象和命运在我心里压了很多年，憋得难受。虽然小说里没有写到这个故事，但这成了我写作《凤凰琴》的一种心灵准备。

　　写作者的既有经验十分重要，我的写作当然也不是凭空而来的。就像《凤凰琴》中升国旗的细节，我见过很多乡村小学挂国旗的方法。开学时，搞一两棵树，用铁丝捆在一起，把旗子绑上去。我据此想象了一支笛子、一把凤凰琴、一群孩子参差不齐的国歌声中国旗慢慢升起的场面。很多人读了后表示，非常真实而且有震撼力。

　　写作者的情感深处，藏着一把名为深情的手术刀，它要解剖的是自己的心灵。发现有无某种名为矫情的病原体，并尽可能地清除掉。深情所致，就像有了时空隧道，与写作相关和不相关的元素，都会滚滚而来。

写长篇小说，要有强大的经验

　　李　东：有评论家将您的写作分为三个阶段，您也比较认同。那么您的"浪漫主义""现实主义"和"浪漫与现实结合"三个阶段写作特点各是什么？为什么会出现这样的现象？

　　刘醒龙：对一个小说家写作的划分，是评论家的事，而非小说家自身。小说家要做的事情是将自己的作品写好。三个阶段也是好，四个阶段也罢，都有存在的可能。就像人的一生，可以分为青少年和中老年阶段，也可以分得更细一些。每种划分都是有理由的。

　　李　东：您最初的理想是当一名作家吗？又是如何与文字结缘的？您眼中真正的文学是什么样？

　　刘醒龙：我的写作梦想的缘起比较晚，直到二十几岁才开始。不过上学时，我一直对作文写作充满热爱。并且热爱任何一本能捧在手中阅读的文学作品，无论它是古今还是中外的。

文学是一种福音，和文学相遇应当是每一个人的福音。真正的文学可以陶冶情操，应该是你读了之后会一辈子忘不了的那些作品，而不是大街上、地摊上卖的书，不是为了迎合某种时尚、某种流行的书，或者为了某种欲望的宣泄的书。好的文学作品是那种你舍不得把它读完的那一类书，读到一半你不忍往下读了，舍不得读了，放下来你回头再慢慢品赏。而不是说拼命想一口气把它读完。

　　李　东：据相关报道，目前中国每年有数以万计的长篇小说诞生。作为早已享誉全国的著名作家，您眼中真正的长篇小说是什么样的？

　　刘醒龙：写长篇小说，要有一种强大的经验。我们现在诸多的所谓的长篇小说，它们其实不是长篇小说。它们和长篇小说隔得很远，和长篇小说的境界隔得非常远，有的几乎就是一个故事而已，有的甚至仅仅是一种涂鸦。它们多数被拿来成为出版社和出版商为了谋取利润的一种经销手段。从文学艺术这个角度来讲，它们和长篇小说本身隔得太远，甚至风马牛不相及。长篇小说它应当有自己独立的生命。在我们的所有文体里面，短篇也好，中篇也好，它们的存在和时世是密切联系的，没有一个短篇，没有一个中篇会突然地火，突然地产生影响，是和这个时代毫不相干的。但长篇小说不一样，长篇小说会自成一体，他是有生命的，他自成体系，他可以不在乎现在社会正在发生什么，也不在乎现在是什么生活，不在乎你怎么想的，当它完成的时候，它就独立于世，这是长篇小说最大的特征，也是长篇小说最要命的地方。如果一部长篇小说在出版后的半年或一年之后就被人遗忘了，那显然不是长篇小说，那只是一个比较长的读物，读一读而已，读了就扔了。真正的长篇小说应该在五年之后还有人在读它，更经典的是十年、二十年后还有人在读它。我们不说它传世，但起码在十年、二十年之后，人家读起来还是觉得有味道,这才叫长篇小说,否则只能算比较长的、字数比较多的、篇幅比较大的读物,通俗读物而已。

李 东:从1984年发表《黑蝴蝶,黑蝴蝶……》算起,距今三十多年,您荣获包括茅盾文学奖在内的数十项国内重要小说大奖,这种旺盛的创作实力来源于哪里?

刘醒龙:对文学的热爱,对人的热爱和对生活的热爱。任何时候,都不许自己有些许不敬与失望。

每一次新的写作,都应该是对自己写作才华极限、对自己生命极限的一种挑战。几乎所有的小说书写,都是源自对我所居住的城市生活的逆向思考。也只有艺术才能将城市所见所闻倒推回到乡村。我还要提到让许多人躲躲闪闪两个词:责任和道义!它是最根本的,我的所有逆向动作,全都蕴藏于此。

作家应将作品品质摆在第一位

李 东:您在1981年就有发表小说的机会。对文学新人来说,这应该是很期待的,但您却因不同意编辑的修改意见而错失。在信息化异常发达的当下,您觉得文学新人应如何对待作品发表?

刘醒龙:在文学这条路上,终究是要看一个人能走多远,而非走得有多快。无论如何,都应当将作品的品质摆在第一位。春色满园,但抵不上一朵牡丹;杨柳万千,比不上松柏一棵。

李 东:我注意到您早在2005年就开通了博客,也有在微博上和网友互动,具有很高的网络人气。您如何看待博客这种"新生事物"?它对文学的影响在哪里?

刘醒龙:写博客是被人推上去的。我最早对博客没有任何了解，也不知道那是个什么东西，是因为那个时候新浪博客刚刚创立，要拉一批名人，我是第二个被新浪拉进去的，第一个是余华，第二个是我，第三个是张海迪，强行被拉进去的。刚开始就觉得好奇，没过多久，就觉得没意思了。没意思在哪里呢？博客对草根们是公平的，对名人是不公平的，你草根有很多要我寻求公正，但是他们都是潜水员，在这儿冒个泡，在那里冒个泡，但是可以那样说，可以谩骂，可以无端地攻击一个人；但对我们来说，我们是真人，我们在博客上还是一种面孔。

博客在某种意义上是给那些有偷窥癖的人提供了一个窗口。我后来就感觉到了，所以开始我还写一点自己的生活，写一点自己的想法，我后来就恢复了，因为我本来是一个作家嘛，我就是一个作家的面孔。我现在就偶尔贴一点很纯粹的文章，你爱看不看，我也不在乎你，但是我把它关掉也没那个必要，它现在成了我一个公开的联系方式，有些人想找我，老朋友也好，新人也好，可以在博客上面给我留言。其实很多人为了联系我，他们本来不玩博客的，但是为了联系我，他就必须得在新浪上面建一个博客，他建了博客才能给我留言，它现在成了我的一个呼号台，比如"长江长江，我是黄河"，他呼叫你。比如你，你不通过我的博客也找不到我。

在博客与微博上，我是"被元老"的，基本上是半"僵尸级"的。就目前互联网上的人群学养与习惯来看，这两种形式，都还处在宣传与炒作层面上。

李　东：《圣天门口》是您闭关长达六年潜心创作的成果，可见作家确实要耐得住寂寞。您平常的写作状态是怎样的？会不会影响到正常生活？

刘醒龙：那段时光我基本上处于一种半隐居的状态，人家找不到我，我也不跟外面联系。我自己想怎么写就怎么写，没有任何压力，那是一种很纯粹的状态。我能写多少是多少，我写我自己最愿意写的。

虽然,夜间写作的效率会高一些。离开工厂以后,我还是将这种习惯改掉了。上帝给我们夜晚是用来休养生息的,除非万不得已,就不要去违背。如果写作会影响到一个人正常生活,这样的写作是难以持续的。

李　东:发表您处女作的责编曾专程去英山看访您,半道车坏了,却正好与您在深山里不期而遇,这种"戏剧化"的真实事件在您的生活中还出现过许多次。您如何看待这种机缘巧合?

刘醒龙:前不久,应邀给慈恩寺写了一副门联:"慈无足长传无量佛,恩有道普度有缘人。"家父当晚便大行长逝。到目前为止,像这类看上去十分凑巧的事遇了多次。我相信一点,如果一个人总有巧遇发生,那只能说明他走的路走对了,做事做对了。

乡土是每个人心中都有的梦想

李　东:您的小学阶段,曾因为特殊原因不停转学。这样"漂泊的经历"给您后来的生活带来哪些影响?

刘醒龙:这样的经历使我对故乡的情感更浓烈。虽然小时候害怕每一次迁徙所导致小伙伴的丢失,却丰富和丰厚了我的情感。而在选择写作之后,又让我在潜意识中习惯选择稳定的叙述角度和文体,也算是一种后期的心理补偿吧。

李　东:在茅盾文学奖的获奖感言中,您曾深情地提到了自己的亲人和故乡。那么故乡和乡土对您意味着什么?

刘醒龙:漂泊者对故乡的梦想与怀念,是普通人难以想象的。我来自乡村,来自广袤的大别山区,自然而然地有一种深厚的乡土情结,但我一直为自己惋惜。我无法像很多人那样,有一个固定的、可以触摸的故土。虽然我是在乡村长大的,但因为父亲工作关系,我一岁多就离家了,随后差不多平均不到两年就搬一次家。别人谈到故土,会有自家的祖屋、门口的大树,甚至一头少年时作伴的老水牛。对我来说,这些全没有。我对于故乡的感觉,直到三十多岁时第一次随父亲回老家时才有。当时老家的房子已经倒塌了,只有一片宅基地还被别人种着菜。虽然我之后一直在城里工作,但是我的感情和记忆中的大部分,都是关于乡土的。作为一个写作上的成功者来到城市,感受到的是一个化过妆的城市,一个并不真实的城市。而乡村对我来说是素面朝天的,你掩盖的每一个细微之处,它会在更广阔的天地袒露给你。

人有很多梦想,乡土其实是每个人心中都有的一个梦想,我们对乡土的理解应当大一点,武汉人经常会到东湖去玩,城市人的作品里面经常写到某某公园。比如,武汉人写小说经常会写到解放公园,写到中山公园,公园是个什么概念?它仅仅是一个公园吗?为什么它叫公园而不叫街道、不叫巷子、不叫楼盘、不叫广场呢?因为公园在某种意义上是自然的,它是城市人和自然亲近的一种方式,是人们和自然沟通的一种方式,实际上乡土是我们人类所面对自然的另一种说法,我们现在的年轻人他们不叫它乡土,而叫它田野,这只是了换一种说法而已,但是它还是有一种强烈的烙印,这种说法的转变,它并不能代表也不能说明,就如有人说的,乡土已经死亡了,如果我们的自然消亡了,也许乡土真的就没有了,乡土只是自然的另一种表述。我们经常把乡土这个概念和农村这种概念混为一团。农村是一个政治词语,它是充满社会性的,而乡土不是,乡土是充满个人感情的一个词汇,它是一种情结,什么叫乡土?就是一种情结,我们离开了某一处地方,回过头来我们怀念它,那就是乡土,因为我们很多人现在是离开了本土,离开了故乡的。

访谈时间:2013 年 1 月

肖云儒：一个艺术评论行道里的"玩家"

  肖云儒，著名文化学者、书法家，丝路文化大使。1940年生，祖籍四川，生于江西，定居于西安。陕西省有突出贡献专家，陕西省德艺双馨艺术家。历任陕西日报社文艺部记者，陕西省文联党组成员、副主席，中国文联委员，中国西部文艺研究会会长，中国小说学会副会长，陕西省政协委员、评论家协会主席等职。

当前文学环境是新中国成立以来最好的时期

李　东：肖老师您好，很荣幸您能接受我们的专访。有人认为文学被边缘化了，典型的例子就是纯文学期刊市场的不断萎缩；也有人认为网络的出现，让文学作品传播更加自由和便捷，文学环境前所未有的宽松。您认为当前文学处于什么样的环境？

肖云儒：你说的这两种情况都存在。两种情况同时出现，还在不断的发展中交织，便正好回答了"当前文学处于什么样的环境？"这个问题。当前文学处于一个历史大拐弯、历史大转型时期，这个时期最根本的特点是现代文学市场的出现和构建。它远不是指图书营销市场。文化市场的深层主体是读者，在创作的价值追求、题材内容、表现和传播手段，乃至语体语感各方面，如何适应读者这一市场主体，是任何作家绕不过去的问题。在这些问题面前，传统的文学创作观和文学传播观正面临严峻的考验，稍稍显出了无所措手足的窘态。而以新传媒为载体的文学，则逐渐显示出了新的文学创作观、文学传播观和文学经营观的力量。

传统的文学创作观是语不惊人死不休的、追求传世的；新媒体文学不但手段便捷，最主要是心态自由放松，是即时的、即兴的、当下的，是在即时、即兴和无意中传世的。传统文学的创作和传播主体一般是分离的，传统作家由于对传播、营销的轻蔑和不屑，在现代文学市场中常常主动地处于被动地位；新媒体文学的创作和传播主体则是合一的，是同一个主体之下有意识操控的。这就显出了区别，也预设了效果。

文学环境有主、客观环境之分。当前客观的文学环境虽不能说一切顺遂，还是可以说是新中国成立以来最好的时期。这不是指自上而下的政策"恩赐"，而是指时代的发展进步、全民文化自觉的提升和社会文化氛围的改善所营造的人文化环境。

其实主观的文学环境，即生命冲动和创作心态对创作的影响才更具决定意义。但主观的文学环境要自己涵育和营造。在同一客观文化环境下，不同作家的内心，可能是宽松开放的，也可能是拥堵闭塞的。我不主张作家过多将创作的成败归咎于环境。想想司马迁的《报任安书》和伏契克的《绞刑架下的报告》是在什么环境下写的，这个问题会很清楚。

李　东：莫言获 2012 年度诺贝尔文学奖，成为首个获得该奖的中国籍作家。您如何看待这个奖？在颁发了百余年之后诺贝尔文学奖才首次"青睐"中国作家。您认为该奖"姗姗来迟"的原因何在？

肖云儒：诺奖是一个以西方文化为背景的奖，虽然我相信评委们会尽量以人类的、普世的坐标公正对待所有的作家作品，但评委自身文化坐标和阅读视野的局限终是避免不了。其中也不能完全排除政治偏见和意识形态偏见。中国作家得奖少、得奖迟，首先与东西方文化的差异、东西方文化的互知和共鸣程度有关，也与我们在国际文化交流和文学交流中的严重入超有关，据说外国作品以中文出版发行的输入总量，成百倍地高于中文作品在国外的出版量。中国文学译介到世界很不够、中国作家宣传到国外很不够。此外，也还与我们中国文学长期被阻滞于时代话语与地域话语，大踏步、大面积进入生命话语、人类话语层面很不够有关。

在亚洲，日本的川端康成、大江健三郎和印度的泰戈尔早得过诺奖，这主要是因为他们的作品确实具有世界一流水平，但也不能排除近代以来日本"脱亚入欧"、印度在殖民地时代传承下来的与英国乃至西方的亲密关系有关。

莫言的获奖当然也一样，主要是因为他们的作品确实具有世界一流水平，也不排除他的祖国——中国这些年和平崛起的因素。当一个国家和民族高姿态、高水平进入世界话语场，无疑会增加它的文化和文学在世界话语场中的权重。

李　东：您首创了"西部文学"这一新的文学概念，西部文学的核心是什么，与其他地域的文学有何区别？

肖云儒：西部文学这个文学概念，是我在中国西部生活了二十多年又有意识地做了四五年田野调查和案头阅读、思考之后，于1986年提出来的，1988年前出版了这项研究的第一部专著《中国西部文学论》，以后又出了《对视文化西部》。也许因为是国内最早提出，又还言之成理的缘故，有了一些反响，获了中国图书奖和中国当代文学研究成果奖两项全国奖。

仅从字面看，西部文学似乎是一个地域文学概念，其实我的本意是想借助这个有地域性色彩的文学研究，来倡导一种普适性的精神内涵。我用专章论述了西部的阳刚之气、西部的野性、真性和多维性，西部的生命感、孤独感、悲剧感、文化杂交和心态杂音，西部的"前文化"自然景观和边缘化人文景观等等，所有这些，从深层文化质地上看，既是西部文学、西部文化、西部心理、西部气质上的特色，更是对一个被浓厚的传统文化、庙堂文化弱化了的民族，对一个被现代市场经济文化和新媒体文化严重遮蔽了真性野气的民族，深度的文化救赎和精神救赎。在中国历史上，每当中原在奢靡和安逸中开始委顿，西部人便进入中原，以它强悍的野性震灭和振奋中华大地。这几乎是中国历史进程一种强弱相间的节奏，是另一种周期律，每隔几百年便会出现一次。

从这个意义上看，西部文学又不仅是地域文学，西部精神其实是中华精神的平衡仪、减压阀，是自古以来多次振奋过我们、今天和今后仍然会振奋我们的优秀的异质文化因子。所以我在那些著作和日后上百场关于西部的讲座中，重点讲的都是西部与现代的迎合，这种深刻的迎合我整整列了十点。

李　东：读书是丰富内心世界的重要途径之一。而随着经济发展，越来越多的青年人在追求物质生活的过程中，已无暇读书。您觉得当下，如何才能在追求物质的同时，丰富精神世界？

肖云儒：书籍是人类实践经验、知识积累和思考沉淀的科学化梳理和提升，文学作品是对人类内在和外在的世界的描绘，对形象、心象、情象和灵象的艺术再现。读书使人深刻，使人成熟。在一个娱乐化时代，浅表化和缩略化的文化严重挤压着读书与思考，令人万分忧虑却又无可奈何。须知读书从来是自觉自愿的事情，它源于一种内心追求，是无法强制的啊。

不过也要看到另一面，多元、快捷、即兴、即时的新传媒时代，也给我们提出了许多新的课题和新的发展空间。空间就是机遇，它给写书、出书、发行书的人，给读书的人，以极大的革新提升的可能。我们的精神生产和图书出版正面临着转变发展方式的历史机遇。以书籍丰富精神世界的手段和途径正在拓宽，正在创新。

"形散神不散"适用于一切艺术

李　东：您早在学生时代就提出"形散神不散"的散文创作观点，影响了几代人。而艺术门类是相通的，您的这个观点如何适用于其他艺术门类呢，比如书法、绘画？请具体谈谈。

肖云儒：形神说是中国古典艺术理论一直就有的。"形散神不散"不但适用于书画，也适应于一切艺术，甚至适用于我们的人生姿态和工作姿态。许多人要我将这五个字写成条幅挂在办公室或家里，他们是把这当作人生和工作的一个信条：心中有专注的目标和按部就班的安排，手脚却不忙乱。虽然"亚历山大"，还能保持散淡从容的态度。

书法，尤其是行草，特别讲究创作过程中的"散"，也就是即兴即时、随兴随意，让书家内心的情绪自如地流淌于笔端。行草当然特别需要厚实的功力，在笔墨、结体、节奏、提按、疏密、快慢、照应和相因相犯上有很多讲究，这些规律是要遵循的，要"不散"的。但应该功夫在书外、功夫在临池之前，一进入具体的书写过程，那"不散"只能通过"散"来表现，谋篇布局的经意只能在不经意中表现。那种形神都散的作品固然不好，乱了章法只能说明功力不到、笔力不逮。而那种形神都不散的作品也欠火候，因为作者还处在拘泥于技法的层面，远没有进入创作的自由境界。

中国画也很讲究"形散神不散"。中国画的散点透视就是一种"形散"，它不拘泥于透视视角之外的真实图像是否能够看到，却把画家想让你看到的都画出来，这种随心所欲就是"形散"。画家心里想告诉你的一定要告诉你，不论现实视角是否可能，这就是"神不散"。中国画和中国戏曲还讲究"离形得似""象外之旨"，笔墨重意趣（神凝）而轻形似（形散），戏曲的脸谱程式与表演程式都与实际生活相去甚远（形散），却能更突出地强调出人物的性格、气质和内心活动（形不散）。如此种种，我想恐怕都是一个道理。

李 东：著名作家一旦进入书法领域，要比专业书法家更容易被大家熟知而获得市场认可。作为书法家，您如何看待文人书画？

肖云儒：中国书画自古以来就有所谓"院体""馆阁体""文人画"种种称谓，以此标识书画家不同的出身、素养和风格追求。这种分法原本就有些模糊，放到当代社会环境中来，就更显出了简单。现代书家人人都有多重社会角色和多重文化身份，心境、情绪和志趣各异，要固定在那一种称谓中其实是很难的。对"文人书画"恐怕也应作如是观。

现在提出来"文人书法",我想那是给一些不以书法为专业而酷爱这一行、书艺又还算精到的文化人,或一些文化色彩很浓的名士,发一张进入书法界的入场券,外加一个"山寨职称"吧。"文人书法"含义极不确定,有时甚至恰好相反:"某某的字,那真是文人字!""某某的字,不过是文人字!"褒贬何等不同。

如果"文人书法"是指书作的人生感、书卷气,即文化含量比较浓厚,精神境界比较高,愿书界的朋友都能从匠气和艺术中破门而出,进入到"文人书法"大道的堂奥中来;如果"文人书法"只是进入书坛一张很廉价的门票,则文化界、文学界的朋友,首先是我自己,应该敬谢不敏。

追求自由的精神生命

李 东:您少年成名,在文艺、社会、历史等多个领域都有自己的建树,尤其是西部文化研究方面,可谓集大成者。张爱玲曾说"出名要趁早",您对这一观点持怎样的态度?

肖云儒:听其自然。"名"不是自己想出就可以出的,不是自己争出来、喊出来的。"名"是自己有所作为,又得到社会认可的结果。所以我不敢苟同张爱玲这句话。你早慧,早有成就,出名早,固然好;你大器晚成不也很好吗?关键是努力和成果能不能到位。至于"出名要趁早"的这个"趁"字,我猜想张才女带有某种调侃,如果不是调侃,便有机巧过甚的嫌疑。

李 东:一个人的精力是有限的,但您的评论涉猎到文学、哲学、书法、戏剧、民俗、社会现象等等,可见学识之渊博、精神世界之丰富。这种广泛涉猎、乐于钻研的动力是什么?

肖云儒:是对自由的精神生命的追求。是对新的思考领域、新的艺术感受领域、新的知识领域天然的、遏止不住的兴趣。也是我追求的幸福观。

我基本上不是一个执着的种花人，而是一个热衷于赏花的人，也可以说是一个艺术评论行道里的"玩家"。我不想用预设的目标绑架生命的走向，不想用格式化的行为框定人生的行程。正像我热爱旅行，想尽可能多地享用世间风景一样，我希望在短暂的生命中尽可能多地享用人类各种精神文化的美丽。在这种精神行旅中如若有所心得，写出来、说出来可以有益于社会，当然好，即便没有任何建树，只要体味、享用了精神行旅之美，我也很满足。其实那正是我的初衷。我的胃爱吃粗粮，脑袋却得用精粮供养。我希望学习、思考、对新事物永远的追索，成为我的人生过程。我看重过程，不看重最后的得分。

但我十分尊重那些设定一个目标之后，便精心策划、矢志不移为之奋斗终生的执着者，像季羡林、陈景润等先生。自知无能成为那样的杰出者，也便不去设定那样的目标。面对这些出了大力气、有了大作为的精神劳作者，常常会为自己溺于精神享受而惭愧；而每当躺在床上，扪心自问，又很感到几分自足自适。

李　东：有人说现代人没有故乡。作为一名生在江西、长在西安的四川人，您如何理解故乡？

肖云儒："现代人没有故乡"这话是有道理的。它指的是现代人的迁移和流动成为人生的常态，人们不再像农耕文化时代那样，过分将自己的人生胶着、依附于地缘和族缘之中。许多的人、每年以亿计的人正在离开土地、离开故乡，成为游子。故乡的观念正在淡化。但问题又有另一面，越是失去便越是思念。乡愁已经成为所有漂泊者心中的流行病和慢性病，日积月累地啃噬着我们疲惫不堪的心灵。所以我想，"现代人没有故乡"后面一定要再加上一句话："现代人无比思念故乡"。

但后一句话的"故乡"，内涵已多少有了变化，更多具有了精神故乡的念义，那思念也就更多地朝文化象征提升。四川广安是我地缘上的故乡，虽然没有在那里生活过，嘴里不吐川音，心里却挂念蜀地。一遇到和这块土地有关的信息，便会生出亲切的认同感、根的认同感。记得三十年前第一次回广安我那个村，不认识一个人，却在每个人身上感到了自己的影子，便遽然明白了：我真是属于这块土地的。四川是我生命的远古传说，冥冥中带给我文化原型式的思念。

我在江西长大，江西在我心里拉开的是童年和青少年时代长长的画卷。这长卷中有许多亲切而又生动的人和故事。清晰的老妈和模糊的老爸，亲友、师长、发小、同学……他们都和我伴行终生。江西是我生命的古代史。

生活了五十二年的陕西，是我的近代史、现代史。由学校进入社会之后，所有的酸甜苦辣，所有的喜怒哀乐，所有的爱恨情仇，所有的顺当的和坎坷的足迹，都印在这块土地上。我与这块土地血肉粘连，永远永远无法剥离开了。

故乡是我人生漂泊的一条长长的路。我的故乡在路上。

陕西文化博大精深

李　东：您被誉为"西部文化大使和形象代表"，也被亲切地称为"陕西文化的吉祥物"，您喜欢这样的称呼吗？陕西文化的精髓在哪里？

肖云儒：要郑重声明的是，第一，这些称号都是好心的朋友，或好心的单位和传媒加于我的，我从未自称自诩过，也从未有过这样的奢望。我感谢各方面的善意和好心。第二，我压根儿配不上这些称号，虽然在这些方面做过努力，尽过一些绵薄之力。我是一个已经老到"古来稀"级别的老头儿，早已过了因称赞而沾沾自喜的年龄。每有人这样说，我通常的反应是，

一、大声纠正。二、小声推迟：不敢，不敢这样说。三、不自在，夏天出汗，冬天发热。四、找个发言的机会当众自嘲几句，以给自己因过奖而负重的心减点压。切实的称赞会激发人的自豪自信，过誉常常让人尴尬。

陕西文化是要写多卷本的大部头著作才说得清、说得完的。要说精髓就更难了，需要高水平的提炼和表达能力。我用四个关键词八个字试说一下。

一、开放，这是思维结构层面。从炎黄时代到周秦汉唐，陕西文化自古以来呈开放结构，黄帝时代吸收和传播神农的农耕、仓颉的造字、蚩尤的冶炼，使之成为全民族的文明财富。汉唐的开放和广取博采就更不用说了。

二、创造，这是生命力层面。中华文明许多创造成果，其主体都是在陕西这块土地上完成的，如先秦时老子道文化的传播；秦代的郡县制；汉代独尊儒术，使儒家成为我们的核心价值观；唐代对佛教的全面融汇，使世界佛教中心由印度东移中华；宋代张载的关学，将对自然科学的研究与朴素唯物主义辩证法结合起来，提倡学贵于有用的精神；一直到现代，中国共产党在延安十三年和"西安事变"中的创造精神。

三、有为，这是实践力执行力层面。炎黄时代构建文明、秦皇汉武时代治理社会的执行力，秦的商鞅变法，汉的"文景之治"，唐的"贞观之治"等等创新改革中的实践力、执行力都彪炳于史册。

四、忠厚，这是道德和民风层面。早在两千多年前，西行不到秦的孔子就对陕西民风有过"秦地偏而民风正"的赞誉。陕人厚道、秦风淳朴，早已千秋公认，积淀为世人根深蒂固的印象。

李 东：2012年，您参与主编了陕西省委宣传部等单位策划出版的《陕西精神》丛书，书中弘扬的"陕西精神"主要体现在哪些方面？它的形成基础是什么？

肖云儒："陕西精神"主要是五句话：爱国守信，勤劳质朴，宽厚包容，尚德重礼，务实进取。这是省上通过各个渠道广泛征集、筛选、提炼出来的，文字稍感平了一点，却反映了陕西精神一些最主要的质地。——这也正是陕西人的表述方式。

一个国家、一个民族、一个地域的精神不可能在短期内形成，它需要千百万人在千百年中长期而反复的实践，需要将点点滴滴的实践结晶为社会普泛的价值观，又需要这种价值观在自然的传播中能转化为更多人的认知定式和行为习惯，最终才逐步形成约定俗成的民风和社会风气。

李　东：近年来，有多部陕西作家作品被搬上银幕，像大家熟知的《白鹿原》《高兴》等等。您如何看待文学作品和影视这两种传播方式？

肖云儒：文学作品和影视是两种文艺样式，它们必然各有自己的内在规律和特点，各有自己既区别又交叉的传播对象和传播方式。文学长度不受限制，更为全知全景，它需要经过文字符号引发图像联想。而在由作家的文字到读者心中的图像整个翻译过程中，有着巨大的联想、共鸣和思考空间，因而对读者的文化素质有一定的要求，语言的文学之美也极被关注。

影视受长度限制，受五行八作的观众构成的限制，篇幅和冲突都要求更集中、情节更具故事性，表达更加大众通俗，对娱乐性有相当的要求。它不看重剧本的文学之美，而看重画面、光影的构成和镜头运动之美。

这也许是电影《白鹿原》的改编不能尽如人意的原因。其实我很不同意有些评论说的，电影改编不尽如人意是因为尊重原著不够，恰恰相反，我以为是电影没有大幅度跳出原著造成的。现在基本上是在原著史诗性结构基础上，删掉一些线索和事件，但长篇小说宏大的结构框架并未大动，这是两个小时电影的无法承受之重。改编者似乎还没有找到一种只属于电影的结构，来对原著做根本性的改造。——这当然不是指改造原著的基本精神。

文学从来没有断过代，也不会断代

李　东："陕西作家是否存在断代"这一问题，曾引起文坛的震动和评论界激烈争论，当时您力挺陕西青年作家群。十余年过去了，回过头来再谈论这个问题，您觉得有哪些新变化？

肖云儒：这其实是个伪命题。自有文学以来，文学从来没有断过代，也不会断代。有人、有生命、有生活、有感情冲动，就会有文学冲动，也就会有文学行为和文学成果。争论的焦点其实不是"陕西作家是否存在断代"，而是"陕西青年作家是否不如上一代，是否接续不了上一代的辉煌"。

这就要看怎么看。传播手段多样了，文学观念多元了，读者要求多维了，要求我们有发散的思维、宏博的眼光、宽容多元的美学标准。我感到，从对文学生命本质的理解看，从发掘、拓展汉语文学表现的功力和潜力看，从文学通过各种新媒体在民众中大面积传播的深度和广度看，从作者队伍和作品数量看，当前陕西文学并没有出现断代的问题。至于似乎没有像上世纪60年代初或80年代中期那样出现两个位居全国前列的大作家群，我的看法是，一、当下这个莺飞草长的文学时代，尤其是新媒体写作时代，已经不见得是以大作家群为唯一标准来检验文学繁荣的时代。二、一个新作家群的出现，并不一定是以多少年为周期的，常常是以大时代的社会和文化背景，以及相应观念的大转型为周期，而且由社会转型到审美转型有时需要一个较长的沉淀过程。

我担心的倒是，因了观念的过分陈旧或过分超前、过分精英,因了与青年作者、新媒体作者和他们的作品脱节的局限,文学评论自身目光的断代。

李 东:时至今日,您已为四百多人的作品作过序,在媒体、高校举办讲座五百余场,这些乐为他人做嫁衣、乐与他人分享劳动成果的举动初衷是什么?

肖云儒:为他人做嫁衣,其实也温暖了、美丽了自己。为上一代、同一代尤其是下一代写作者服务,共享各自的精神劳动成果,那种满足感和成就感更会加倍加倍地放大。

何况岁月使我在陕西文艺界成为年长者,生命本体渴望传承繁衍的规律,使我那么高兴与青年人相处,为青年人服务。躬身为下一代写作者做桥梁、做梯子、做台阶,就更有了一种长者的幸福。我每每陶醉于青年作者和莘莘学子听讲时的目光,我的生命在他们饥渴的、专注的、思考的目光中燃烧。这哪里是奉献,这是收获。

当然,这种感受并不是我搞评论的初衷,而是来自评论过程和结果的感受。

初衷其实是我在前面问题中回答的,是自我生命在无羁释放中的自如选择:"我的胃爱吃粗粮,我的脑袋得用精粮供养。""我希望在短暂的生命中尽可能多地享用人类各种精神文化之花的美丽。我希望学习、思考、对新事物永远的追索,成为我的人生过程。我看重过程,不看重最后的得分。"

访谈时间:2013 年 5 月

王久辛：诗人的风骨在哪里？

  王久辛，著名诗人。首届鲁迅文学奖获得者。著有诗集《狂雪》《狂雪II集》《致大海》，散文集《绝世之鼎》，报告文学集《东方红霄》等。曾担任多部电视系列片总撰稿、作词。作品先后获得《人民文学》优秀作品奖，中宣部、广电部、中央电视台颁发的特等奖、一等奖。

每一首长诗都有人激赏

李　东：王老师您好，感谢您接受我们的采访。我们先从您的作品谈起吧。许多人熟知您是从《狂雪》开始的，这首长达五百多行的在诗坛产生重要影响的诗歌，据说是您在一夜之间完成的。当时的创作背景是怎样的？

王久辛：写南京大屠杀的诗歌车载斗量，我希望真正的诗人不仅仅要关心写作过程与背景，应该琢磨一下这首长诗从上世纪1990年发表至今，为何不断被人提及？几乎每天都有人阅读甚至评论？我希望大家理性地沉入这首诗的内在结构与表达的艺术方式上，它是如何实现畅达淋漓的表达的，难道仅仅是题材重要人们就会经久不断地关注？如果我说出来，也许会有人以为我不够谦虚，有点卖弄，所以我还是不说为好。但可以肯定的是，这首诗的成功，首先是审美创造的成功，是丰富了既已存在的诗歌样式的成功。是艺术形式的成功。它当然首先是独一无二的，而后才是引人注目，最后才是评判。欢迎"70后""80后""90后"来评判。

李　东：《狂雪》被南京大屠杀纪念馆铸成诗碑，供参观者诵读，这不仅仅是诗歌受到特殊的礼遇，更是诗歌传递出的精神得到弘扬。二十多年过去了，再回过头来看，您觉得这首诗歌对您个人有什么影响？

王久辛：这首诗在《人民文学》发表后，当时就有很多读者给编辑部来信。我记得《人民文学》在正刊上曾选发了两封信。时任《人民文学》主编的刘白羽先生亲笔给我当时所就读的解放军艺术学院写了感谢信，言：感谢军艺为《人民文学》提供了《狂雪》这样的好作品。并明确说：《狂雪》是可以流传后世的。二十三年过去了，一语成真，白羽先生的话被时间证明——此言不虚。老人家的鉴赏水平在他那一级文化官员中，的确是翘楚，令我敬佩。对我的影响，我自己也很难说清楚。但有一点是清楚的——从此我的名字与《狂雪》紧紧地连在了一起，成了荣辱与共的患难兄弟。

李　东：《狂雪》之外，您还向诗坛抛出了多首长诗作品，特别是《香魂金灿灿》，被评论界认为是您的代表作。同样是"安慰灵魂"之作，《香魂金灿灿》没有了《狂雪》中那些惨烈的"镜头式"描写，通过金灿灿的油菜花，我们依然强烈感受到诗中的人文情怀和生命意识。这首长诗每一章都用"圣香飘飘，萦绕净界，境界无边，香魂弥漫"结尾，您有什么用意？

王久辛：我的每一首长诗都有人激赏。《狂雪》后的《蓝月上的黑石桥》《艳戕》《肉搏的大雨》《钢铁门牙》《柠檬色》《大地夯歌》等等，几乎每一发表，都有强烈反响。有的立刻就有很多读者评论，知名的不知名的评论很多。例如《诗潮》就收到了几百封读者来信，该刊就先后拿出二十多个页码刊发读者来信与评论，对长诗《艳戕》给予全方位的肯定与褒奖。而长诗《肉搏的大雨》与《大地夯歌》不仅被《新华文摘》《中华文学选刊》转载，全国重要的报刊均发表了评论给予赞扬。而后来的《香魂金灿灿》《安魂阿拉伯海》《蓝》不仅获得诗评专家张志忠、张清华、耿占春的好评，甚至在年度综述中也可以读到这样明确的文字：如果要找出一个值得评论的作品，那王久辛的……是值得一说的，等等。有文章说，《香魂金灿灿》是向死而生，是从深入死亡之府后对生之天堂的追问，是对生命的终极意义的美学寻找与对寻找后的发现的诗意创绘。它承继了交响乐般创造的经验，以旋律的语言风暴，复合式修辞的炫耀，画卷式色彩的强烈渲染，实现了对抽象死亡的审美创造，从而使对生命的追问，有了力透纸背的力量。我在每章结尾重复用的那四句，是我从藏香的包装盒上抄下来的，使用时进行了雅致的修改。我的意思是，张扬一种生命的虔诚意识，故以营造宗教氛围,来实现对所有诗意抒写的烘托。这是企图,也是伎俩,更是境界,不知实现了多少?

军旅作家用行动思考

李　东:俗话说:文如其人。从您质量"过硬"的作品中,我们能感受到军人那种英雄主义精神,渗透着强烈的责任感、使命感。您觉得军旅作家和普通作家相比,有哪些不同?

王久辛:你是不是觉得军旅作家有点儿"左"啊?军旅作家在一些基本的道德观与社会观念上,显得有点不含糊、不躲避、不畏惧。这是因为他们在从军的过程中,已经用行动思考过很多问题了。注意,我说的是用行动思考而不是语言思考!它们的区别就在于行动的思考更接近现实,也就是说,更靠谱儿。不是军旅作家要有责任感与使命感,而是责任与使命,撵着军旅作家不得不担起家国天下,不得不在道义与人性中挣扎,并做出选择。他们非常平凡,但他们的行动让人感受到了思想。比如,地震中他后退了?选择时他畏惧了?等等,这都构成了思想,并对他们形成压迫。于是乎,他们的行动大于了他们本人,做得好,就有几何倍数的好评;做得不好,那就正相反,会糟糕透了。所以,军旅作家无法没有责任感与使命感,他们只有获得了行动替他们思考后选择的责任感与使命感,他们的思想才能够更宽阔地获得新生。没有什么为什么,这就是职业的宿命,你别无选择。至于与其他作家的不同,我想就正在于他们没有被责任感与使命感追撵,他们从容得多也自由得多。据我观察,因为从军可以与大自然与生死近距离相交,似乎有点高昂与博大?古今中外的军旅作家似乎都是宏大叙事的高手,有所不同的是艺术积累与艺术天赋,还存在一个天壤之别的问题。好的,当然出手不凡；差的呢，哪怕你当三辈子兵，也没准儿写不过人家没有从军经历的作家。这里的关键，还是你说的"质量"问题，不是当不当兵，而是人的质量、作品的质量过硬不过硬，如果过硬，那怎么都行呢！

李　东：近年来，有许多优秀的军事题材作品被搬上银幕，深受大家喜爱，让更多人了解了军营生活、认识了军旅作家。您如何看待这样的现象？

王久辛：是有不少，但优秀的均出自我们军艺文学系同学之手。如江奇涛、麦家、赵琪、石钟山、徐贵祥、柳建伟、陈怀国、李西岳、戴红、冯骥等等。人类和平需要军队，需要军人，所以是有意义的。虽然有的质量不高，但有胜于无，这得有一个过程。不能只要成果，不要过程，那样不科学。

李　东：文学作品的创作，大多需要在自由的空间下完成，而高标准要求下的部队生活应该是比较紧张的，这与文学创作之间必然会发生一些冲突，您是如何化解的？

王久辛：紧张的生活本身，就需要表现；而对生活的占有，才是创造出新意的必需。现在回忆过去的紧张生活，觉得非常有意义，所有的汗水都没有白流，因为创新需要独特的体验与独特的表达，紧张的生活本身就是独特的。

网络正在改变我们的生活与世界

李　东：我注意到您在多家网站开通了博客、微博，还开通了微信和读者互动。您如何看待这些新型传播方式？它们对文学作品（特别是诗歌）的影响在哪里？

王久辛：这些新媒体值得关注的道理在于它们相对的自由

与公正公平。博客与微博无论什么人都可以开,都可以在那里发表自由的言论。当然,前提是不违法。对诗人来说,又多了一个发表作品与言论的地方。也就是说,减少了一个被埋没的可能性,又多了一个成功的可能性。事实上,网络正在改变我们的生活与我们的世界,只是我们没有真正在意罢了。

李　东:不可否认的是,受新型传媒影响,传统媒体正面临着严峻的形势。从事编辑工作多年,您觉得纸质刊物出路在哪里?

王久辛:出路只有一条:提高质量。

李　东:2008年,您的诗集《自由的诗》被波兰埃德玛萨雷克出版社翻译出版。作为被该机构推出的为数不多的几本中国诗人的诗集之一,它的出版对您个人有怎样的意义?您如何看待作品在国外发行?

王久辛:这是我第一次在外国出版诗集。我非常幸运,该出版社免费为我出版,从头到尾,没要我一分钱。而且始终在给我做工作,即,他们告诉我说没有稿费,但恳请我同意在他们出版社出版我的诗集。他们向我介绍说,他们为中国某某、某某、某某等等出版的诗集都是他们自费出版的,我这本不收任何费用的,但是没有稿酬。我说,稿酬必须有,否则不像话,哪怕一个兹罗提呢,也要给。波兰在中国的代理安飞龙先生大笑,并连声OK!一个中国诗人的诗歌被翻译介绍到外国,这无疑是好事。但我对翻译水平始终不放心,一如我们看《楚辞》的不同译本,就会发现,无论是郭沫若,还是钱钟书,他们的翻译都与原文的美质有很大的差距。所以我不敢期待国外的知音,就权当有这么回事儿吧。至于能否深刻地感染人,并获个诺贝尔奖之类的好事儿,我看就别做此等黄粱梦吧!

要像鲁迅先生那样写作

李　东：在您的新浪博客，很长时间一直使用鲁迅文学奖奖牌作为头像，我认为您是以此表达对鲁迅先生的崇敬。您如何评价鲁迅？

王久辛：我听说，现在中小学将鲁迅的文章从语文课本中撤下来了。这说明有人认为可以撤销鲁迅的文章而不会影响中小学生的语文学习。而我的想法是，恰恰相反，今天我们比任何时候都更需要鲁迅和鲁迅先生的文章以及鲁迅先生的精神。假使我们的精神文化里边没有鲁迅，我不知道还有谁可以代替他而撑起精神文化的天宇——胡适？郭沫若？茅盾？巴金？是的，他们都很卓越，然而我还是觉得他们少了点什么。少了点什么呢？我的回答是：风骨，即"怒向刀丛觅小诗"的精神，那是无所畏惧的，而且是仗义执言、犯颜进谏的、守得住立场与精神的、有情操的人格与风骨的象征。我用鲁迅头像做我博客的标志，正是想时刻提醒自己：要像鲁迅先生那样写作。虽然达不到大先生的水平，但心向往之，努力为之，时刻做之。这三个之中，"时刻做之"最重要。一个诗人，当然要有想象，但更要有为理想而"时刻做之"的行动，哪怕是一点一滴地去做，也比做鲁迅先生最瞧不起的"空头理论家"强。

李　东：您担任过两届鲁迅文学奖评委，在第三届您是短篇小说奖的初评评委。诗人怎么当起小说奖的评委了呢？

王久辛：当评委可不是自己想当就能当，首先你得是作协专家库里的"专家"，而后才有可能被抽到。诗人看小说，几乎都能看出小说的成色来；而小说家看诗，就很难说了。原因是相较于小说，诗的内涵与意蕴更深一些。我从初中就开始读小说，读到现在，也还在读。原因呢？是我觉得小说有更具体的现实生活，几乎每部小说都是一个世界，虽然读着费时，但还是收获不小。做评委的关键：公平、公正、公开，要勇于表明自己的观点，不要怕碰撞。思想是碰撞出来的，几乎每次碰撞都会有提高。对参评作者，一定要平心而论。票投给谁，至少要自己服气。如果能讲清楚理由，那就更好了。

李　东：曾在一篇文章中，您谈到自己的写作目的——为民主的文明的社会主义而写作。您是如何走上文学创作之路，又是如何确立这样的写作目标的呢？

王久辛：一个诗人、作家，总是要写作的。但要问你为啥写作，你说为了稿费为了出名？固然写作可以挣到稿费出点名，但那就是目的吗？显然不是。"民主"与"文明"没有专属性，它并没有拒绝任何社会制度的理由，换句话说，哪个社会都要讲民主、讲文明，不仅你资本主义发达国家要讲，我们社会主义欠发达国家更要讲，甚至比发达国家还迫切地需要讲。而这个常识，并不是人人都明白，都去做了。这就需要我们诗人与作家去启蒙、去唤醒。怎么个启蒙与唤醒呢？诗与小说，都是审美的创造。也就是说，你不能用审美创造以外的方法去创造，你必须深谙审美创造的规律，内行地、娴熟地、独特地、丰富地、深刻地、优雅优美优秀地、动人动心动魄地去创造。目标？为此就是目标，就是方向，就是理想与信仰，就是我这个人的生命的全部意义。当然，意义之外，我还需要过每个人都过的寻常生活。

当下诗歌有风骨吗？

李　东：您的作品普遍立意高远、视角独特，有着磅礴的气势和鲜明的个人特色，是独一无二的。首发于《延河》的长诗《蓝》，即是通过社会灾难和人类不幸，唤醒人们内心深处对当前社会现实的思考和重视的佳作。您眼中好的诗歌是什么样的？

王久辛：我已经多次对提问者说过了："这不是一个可以向诗人提出的问题。"这不仅涉及了礼貌与尊重的问题，同时还是一个对诗人不是真正认识的问题。对于真正的诗人来说，最好的诗歌毫无疑问是自己的诗歌。这与自夸、自恋无关，这是所有真正的诗人共同的禀赋，恐怕难以移易。《蓝》是当代诗歌中唯一直刺现实的诗歌，是荆轲刺秦式写作，是黑寡妇炸弹式抒情，是我真正的转型之作。评论家耿占春为这首长诗写了一万两千字的解读文章，我以为是正解，欢迎大家到我博客去看看，连同《蓝》一起。

李 东：您贴于博客的《诗人的个性与诗的个性》一文，谈到"个性属于伟大的诗人，它与二流子是绝缘的"。如果从"世界上没有两片完全相同的树叶"这个角度讲，所有人都有自己不同之处，也可以视作"个性"。您为什么会那么说？

王久辛：我的意思是说，在当下，确实存在一个诗人的个性与诗的个性必须分开来看待的问题。你人的个性鲜明，不一定写出来的诗个性也鲜明。两回事儿。诗的个性是"装"不了一辈子的，能一生都一贯到底地沿着自己的修养、涵养、教养与血性写作，而且写的能赢得一部分或一些或三两个人喜欢，我就以为非常成功。诗歌写作与得奖无关，无论得鲁迅文学奖，还是得诺贝尔文学奖，都与诗人内心的纯正激情无关。所以，作为鲁奖得主，我要说，朋友，你不要看什么奖不奖，请你看我的诗，看过去的《狂雪》，看今天的《蓝》，看我说的与做的是不是一致的。请你为我打分，看我配不配获得首届鲁迅文学奖。如果不配，亲爱的——请你把我删掉。

李 东：在您的诗歌语录中，第一句就是："诗歌是文学皇冠上的明珠,现在这颗明珠不够亮了,我们要把它擦亮。"请具体谈谈为何"不亮"了,又如何"擦亮"?

王久辛:这是2004年我与网友的一次互动中说的话,今天被你提及,我很高兴。这是一个很大的问题,但重要的是:一、明珠究竟存在不存在?二、存在,在哪儿?三、然后才是"擦"的问题。这么具体的追问,有点逼迫与强求,是不是?让我换个方法来说吧。我说,真正的诗歌,就像大海中的航标,高山上的灯塔,心灵里的火炬,无论你怎么写,古典、现代、前古典、后现代等等,但你还是要落到人间,落到笔下,落到人心里。你得让人心中点头,哪怕羞涩不愿开口,你也得让人家读后信服。好诗不是召英聚雄采风笔会得来的,是厚积之后的喷发。厚积,是学养与才华的厚积,艺术与哲学的厚积,磨难与思想的厚积,信仰与精神的厚积,等等。只有这个厚积实现了喷薄而出,诗的风骨,诗的光芒,诗的直入人心,才可能实现。嗯,当下的诗歌有风骨吗?有光芒吗?可以直入人心吗?!我想,如果我们都这样问,那就相当于我们都在为诗歌这颗明珠擦拭了,问题是我们都这么认真地为这个不能充饥的问题而认真地反复地追问了吗?我怀疑。

访谈时间:2013年8月

孙晓杰：诗人是人类的良心

孙晓杰，笔名青羊。山东寿光人。著名诗人。著有诗集《黎明之钟》《银狐》等。已在《人民文学》《诗刊》《星星》《绿风》《扬子江诗刊》《散文》等报刊发表作品七百首（篇）。获《诗刊》《人民日报》等报刊诗歌、散文奖，作品《银狐》入围首届艾青诗歌奖。

每个人年轻的时候都是诗人

李　东：孙老师您好！很多人在年轻时都有文学梦，但因为环境或是其他因素坚持到最后的并不多。而您写诗坚持了三十多年，是什么力量让您对诗歌如此钟情？

孙晓杰：很高兴接受你的采访。我觉得任何一种采访，对采访者和被采访者都是一件有意义的事情。它驱使我们梳理和思考某些问题，尤其是我们过去不曾思考或思考不多的问题，因为迫于回答，从而完成了对这一问题的具有逻辑性和理论化的思考，填补了对这一问题的思考空白。因此我也要感谢你的采访。

记得博尔赫斯说过，一个人到了七十岁还在写诗才能称得上是真正的诗人。年轻时有文学梦，与其说是文学现象，不如说是青春期现象。人在年轻时有太多的生命冲动，有太多的理想和憧憬，有太多的表达渴望和需求。这时，如果一个人的语言功力能够支撑基本的表达，表达又给他带来难以言说的幸福感和满足感，那么文学梦就诞生了。其实每个人年轻的时候都是诗人。至于后来，青春期过了，内心的冲动与激情越来越少了，再加上文学不足以支撑世俗生活，自己又不愿意为文学忍受孤苦与煎熬，放弃文学也就成了一件顺理成章的事情。

我最初选择做一个诗人，不能排除是一种青春期现象，但更主要是文学光环、诗人光环的引领和诱惑。从那个时代过来的人都会有一些文学情结，因为那是一个文学的时代。所谓世界大势，顺昌逆亡，选择做一个诗人，也是一件顺理成章的事情。但是，当你真正进入文学世界的时候，当文学的力量真正征服你并成为你灵魂向导的时候，一切都改变了。那些世俗的、功利的东西越来越少，渐行渐远，最后几乎只剩下生命与文学纠结和扭动在一起的身体。我希望到七十岁的时候还能写诗，我企望我的灵魂一直保有青春的新鲜和柔软，那将是一个美妙的生命胜境!

李　东：您曾有过长达十二年的军旅生活，这对您的生活和诗歌创作肯定有着很大影响。请您具体谈谈。

孙晓杰：诗人从军者甚多，尤以国外诗人为众；从军后成为诗人的也有不少，国内诗人尤为典型。前者如法国诗人阿波利奈尔、艾吕雅、桑德拉尔、阿拉贡、塞盖斯，意大利诗人蒙塔莱、萨巴、翁加雷蒂、卡勃隆尼、塞雷尼，俄国诗人古米廖夫、马雅可夫斯基，波兰诗人布罗涅夫斯基，澳大利亚诗人坎贝尔、戴维·罗博瑟姆，加拿大诗人马克雷，以色列诗人耶胡达·阿米亥，美国诗人夏皮罗、贾雷尔、兰德尔、辛普森、斯诺德格拉斯、阿奇波尔德·麦克利什、詹姆斯·赖特、查尔斯·希密克，英国诗人托马斯·休姆、金斯利·艾米斯、罗勃特·格瑞夫斯、弗林特、布鲁克、奥尔丁顿、欧文、路易斯，等等。菲利浦·拉金也想参军，可惜没有通过入伍体检；狄兰·托马斯也因健康原因未能参军作战。军旅生活对诗歌创作的影响，想必是因人而异。影响巨大者，大概当属辛弃疾，"醉里挑灯看剑""气吞万里如虎"，金戈铁马之光流溢，豪放悲壮之风激荡。值得注意的是，在获诺贝尔文学奖的诗人中，不管有无从军经历，普遍拥有战争目光，百分之八十的诗人创作过战争题材的诗歌，有的成为诗人的重要作品并因此获得国际声誉，比如艾略特的《四个四重奏》、埃利蒂斯的《英雄挽歌》、蒙塔莱的战争诗以及萨克斯揭露法西斯集中营罪恶的《哦，哭泣的孩子们的夜晚》等。我现在回想起来，大概是因为身处和平环境和非作战部队的缘故，军人生活对我的改造并非是骨子里的，对我的诗歌创作的影响也非常有限，虽然我也因此养成了良好的生活习惯，在创作初期也写过一些军事题材的作品（一部分收录在我的诗集《黎明之钟》里）。真正对我产生重大影响的，一个是部队所在地——新疆独特的地理风貌对我精神与灵魂的巨大影响。当我像一粒沙子站在浩瀚的戈壁大漠,我第一次痛彻地感到宇宙和世界的古老、广大和神秘,人类自身的渺小和卑微,生命的短暂和无助,从而滋生出一种辽阔而幽远的苍茫情怀;一个是我在军营里做出了人生的一个重大决定:我要成为一个诗人。这个决定影响了我的人生。我要感谢诗神的垂爱;一个是我为成为一个优秀诗人所付出的努力。我在那时读书的劲头,与其说我是个军人,不如说我更像个学生。我在被窝里用手电筒照着读书,在别人都睡着之后爬起来躲到食堂里读书,在提干之后因为有了一些自主的方便,常常挑灯夜读到黎明降临。因为当时书籍匮乏,我也曾抄写过《唐宋诗选》等一些书籍。这对于一个未曾受到过良好教育的人来说,相当于一次"恶补"。这几个方面的影响,发生在我军旅生涯期间,而非军旅生活直接所致。

诗歌必须介入社会生活

李　东:您的诗作频频出现在各大刊物和获奖征文中,可见您的创作不但数量多而且质量高。您的创作遇到过瓶颈吗?您如何看待创作中遇到的瓶颈?

孙晓杰:"瓶颈"是一个被广泛应用的好词,尽管它自身感到呼吸困难。我想每个人的创作都有自己的瓶颈,这是一个始终存在的问题,比如才华、性情、阅历、经验、视野、传统、语言、技巧等等。每个人都有自身的不足和局限性,这些便构成自身的瓶颈。这很自然,即便是大师、天才也概莫能外。唯有在读书和生活上多费心思,多下功夫,多开掘自身的才情,也实在没有其他什么灵丹妙药。不仅如此,具体到一首诗的创作,除了一首诗内部的瓶颈,即表达的困难,还有这一首诗对于你以往诗作的突破,而不是习惯性的重复表达。我曾经说过,一个人决计成为一个诗人,他就等于给他自己套上了一根无形的绞索。他无法抑止地把自己越勒越紧,他常常有一种窒息的感觉。写作就是解套的努力。他因此喘出一口气,但接着会把自己勒得更紧。

李　东:您的诗观是什么?诗歌写作对您意味着什么?
孙晓杰:用诗歌记录生命,记录对世界的发现。这样一种诗观也就自然表明了诗歌写作对我的意义:诗歌是对我自身意义的证明。

李　东:现在诗歌界经常讨论或者说比较纠结的一个问题是:诗歌要不要介入社会生活。您怎么看待这个问题?
孙晓杰:这个问题的存在和提出显然是基于这样一种现实:诗歌在经历政治工具和社会工具的深刻教训之后,迅速回到诗歌本身,以至于矫枉过正,疏离社会关注内心成为一种写作潮流。在文学日益边缘化的进程中,这种主动疏离成为诗歌边缘化的重要推手,成为诗人"自杀"的证据之一。若想让诗歌重回人们的视野,重现昔日辉煌,诗歌必须介入社会生活。

我觉得这个问题争论和分歧的症结在于:不是要不要介入社会生活,而是应当怎样介入社会生活和介入什么样的社会生活。离开了这一点,诗歌要不要介入社会生活,就是一个伪命题。从来没有离开过社会生活的文学和诗歌。人是社会动物。人的灵魂是社会的产物。人的一切活动(包括诗歌创作)无不带有社会生活的烙印,无不带有他那个时代的痕迹。他自己的文学表达,本来就是他对于社会生活的反映,本身就是对社会生活的介入,只是我们未曾关注和理解而已,只是未曾达到某种介入的要求罢了。当然,人的灵魂的社会含量是有差异的,当一个人内心的社会含量较低,而又过度关心自身、迷恋自身,那么他在介入社会生活的广度、强度和深度方面就会存在明显的不足，因而也就降低或者损害了诗歌的力量。当代中国诗坛也确实存在这样的问题。对于诗人来讲，应当注意和培养自身情感与社会情感的关联度，使自身的情感既是极其个人化、个性化的，又是社会的、世界的、人类的，不能因为过分强调个人内心而刻意疏离人间烟火。对于诗坛来说，我希望对介入社会生活做广义而不是狭义的理解，不要无视诗歌自身的意义，无视文学创作的规律，要求诗歌承担它无力承担和不应承担的责任和义务，注意处理好强制与自由、直接与间接的关系，充分尊重诗人的选择。但作为我个人来说，我还是更喜欢社会内涵更多的文学作品，我在创作中也力图做到这一点。

李 东：您曾说："在这个年代留存下来的诗人很有可能是最纯粹的诗人，因为他们已经不能从诗歌那里获得这个社会所需要的和所能给予的荣誉和利益。"但近年来，不断爆出一些为写诗获取名利而抄袭的事件。对此您怎么看？

孙晓杰：诗坛怪象也是社会怪象之一，深入一点说是社会怪象在诗坛上的反映和表现。诗坛本应是纯洁之地，可惜由于它不能自我封闭，被污染、被损害也是难免之事。我说这番话显然是指真正的诗人。以为写了几首诗就可以诗人自居，不是自作多情就是误解偏见。而且我说"很有可能"，不绝对，话不说死，看来很有好处。诗坛怪象为我一直所不屑甚至鄙夷。比如你说的抄袭。因为渴慕诗名而又缺乏诗的创造力，只好抄袭他人的成果。最终事与愿违，既没有赢得想要的诗人名声，也损害了个人的道德名声。同时也因为专注于抄袭他人，反倒影响、制约和遮蔽了创造力的培养和开掘，得不偿失。还比如炒作。忙着请名家作序、写评论，忙着召开作品研讨会，忙着跑门子拉关系甚至拿钱买个什么奖，打造热闹情势，攫取溢美之词，唯恐天下不知。不是将精力潜心于创作之中，而是心浮气躁甚至心急火燎地包装和推销自己，果然是"功夫在诗外"。

这色人等,你只需乜斜一看,便知是多为末流诗人或功利之徒所为,只能蒙骗些外行和初学者,为真正的诗人所不屑。再比如圈子。物以类聚,人以群分,彼此趣味相投,是很自然的事情。但是一旦聚成一个圈子,理念上有了义气之争,固然在表面上可能具有一些鲜明的特色,但因此却少了海纳百川的胸怀和气象,在排拒他人的同时也形成了对自己的钳制,注定要萎缩,注定不能长久,这已为一切文学史所证明。

诗人之爱是生命和灵魂之爱

李 东:您说,"好诗应当给人一种被击中的感觉"。在读到您的《诗歌和生活》时,我就有被击中的感觉。诗中写道一只飞虫钻进耳朵,用滴油粘住翅膀憋死它这是生活,而用灯光吸引出来就是诗歌。这首诗意味深长,诗歌无疑是高明的。在您的写作中,有许多关注微小事物和底层生活的作品,例如《放走一只蜘蛛》《失业者》等,体现出了强烈的生命意识和大爱。可不可以理解为这是诗人的一种潜意识的人文关怀?

孙晓杰:诗人是人类的良心。一个真正的诗人即使是一座孤岛,也一定与人类的心灵海洋相连。诗人之爱是生命之爱、灵魂之爱。如果对生存、死亡、苦难、不幸……没有深切的悲悯情怀,他就一定流于浅薄,而被诗歌所抛弃。

李 东:您的另一首诗歌《某些动物的择偶观》:"可以娶蜜蜂为妻/尽管她是吵了一点/但毕竟是空姐啊//蝴蝶美丽得有些愚蠢/一瓶意大利香水大概可以搞定/好在她有一点梁祝的韵味//蜗牛挺不错的/虽然笨一些/总算有一套房嘛//嫁给蜘蛛也行/丑是丑了点/可人家是搞网络的呀//知了就免谈了/他会在婚后撒给你一个空巢/去别处宣泄短暂而热烈的爱

情"。以调侃的方式，讽刺了当下某些人被物质遮蔽双眼的择偶观。在感慨诗歌写得"好玩"的同时，我们也暗自佩服您的睿智。而您的作品中，这样让人耳目一新的作品并不在少数，试图在寻找多种创新的路径。对此，您自己有怎样的体会？

孙晓杰：诗歌既是对心灵的记录，也是对自身局限性的一种突破。创作的意义，正在于不断寻找新的题材、新的语言、新的形式和新的表现手法，寻找一切可能性。如果我们总是偏守于一隅，无视世界的广阔和生活的丰富多样，总是满足于用烂熟的视角和手法记录和表达，在本质上形成对自我的不断重复，不说创作有没有意义，就是作为一个人，是不是也单调和乏味许多？我在创作上是一个多变的人，我喜欢尝试，喜欢难度写作。

李　东：您一贯保持着低调的姿态，安静书写，谦和待人，为人称道。这种优秀品质的形成，是否与您的阅读和写作有着密不可分的联系？

孙晓杰：阅读有许多功用。一个诗人的阅读，我以为首先是对自己心灵的滋养，其次才是知识、技巧的汲取。这样一路读下来，人只会越来越谦逊，越来越沉静，越来越深邃。面对浩瀚的知识海洋，面对璀璨的诗歌星空，面对无数经典和大师，我们有什么理由和资格大呼小叫、趾高气扬、唯我独尊？除了暴露我们的浅薄、无知和无礼，还能说明什么？能够集一生之力写出一些好诗已非易事。还是静下心来，好好地做人，好好地读书，好好地写诗。大象无形，大音希声。宁静致远，静水流深。

李　东：房间的布置可以反映出主人对待生活的态度。之前在您办公室，我看到了蔓延在窗台和书柜上的绿藤植物，在这样充满诗意的环境下办公，心情自然是愉悦的。您如何看待生活环境与诗歌创作的关系?

孙晓杰：你说的很对。人的日常行为，一定反映出人的性格、人的喜好、人对生活的态度。因为诗歌来源于生活，生活环境状况肯定会对诗歌创作产生影响。这种影响究竟是正比关系还是反比关系，恐怕也要因人而异。过去有一句话，说"愤怒出诗人"，就是反比关系。但多少有点偏颇，在某种程度上异化了诗人的形象。纵观古今中外诗坛，穷困潦倒也好，富庶优渥也好，愤怒也好，喜悦也好，都可以产生诗人，都能够产生好诗，只是产生什么样的诗人和什么样的好诗有所不同而已。关键还是取决于诗人内心，取决于诗人内心对生活的消化和吸收能力。

李　东：在许多谈及陕西文学的文章里，仅仅只谈到陕西小说，这是不完整的。尽管陕西小说的光芒遮蔽了诗歌，但不可否认陕西涌现出了一大批优秀诗人。作为陕西代表性诗人，您觉得陕西诗歌在全国处于一个怎样的位置？您又如何看待陕西诗歌的整体创作？

孙晓杰：美国学者亨廷顿曾将当今世界的冲突归结为"文明的冲突"。但事实证明，当今世界的冲突，虽然仍有不同文明之间的冲突，但更多地依然表现为地缘政治的特点。即在同一地区内，具有同一文明的国家，因为利益关系，也相互分化，构成现实冲突。简单地移植到文学领域，如果按照亨廷顿的思路，姑且把小说和诗歌分为不同的文明物种，那就不存在陕西诗歌这个概念。有意思的是，地域政治的现实也发生在了文学领域。于是，陕西文学或者其他省份文学的概念随之产生，地域文学内的各种文学样式，包括小说、诗歌等等，既有相互的借鉴，也有一定的冲突。

就我个人而言，尽管文学的地域性问题不可回避，但我更愿意把它作为方便讨论或者闲聊的一个话题，而不是把它当作诗人身份确认的一个尺码。

陕西诗人应该首先向陕西小说家们表达敬意。这些以路遥、陈忠实、贾平凹为代表的与我们在同一战壕并肩战斗的兄弟们所创造出来的辉煌，给这一片古老的土地增添了新的光彩。但是由此造成对诗歌的忽视和遮蔽，的确也是不争的事实。

有人说，陕西诗歌取得的成就远在陕西小说之上。这一定是一个有争议的观点，姑且搁置争议，各行其是。至于陕西诗人在全国处于一个怎样的位置，我因为没有系统读过各省诗人的作品，也不便妄下结论。但纵观当今陕西诗歌，就整体而言，实力不容小觑，尤以陕西诗歌的丰富性特别突出。先锋如伊沙们，离经叛道无所顾忌；传统如耿翔们，匍匐乡土感恩大地，差异之大令人惊叹，为外省少有。各色诗人争奇斗艳，蔚为大观：沉稳有力如秦巴子、第广龙，意象冷峻如阎安、李岩，崇尚史诗之风如成路、宗霆锋，倾慕魏晋风骨如孙谦，情思丰沛如刘诚、横行胭脂，优雅从容如刘亚丽、三色堇，幽怨哀婉如李小洛，隽秀静美如鲁绪刚，清丽自然如周公度，诗文并进如黄海、马召平，神色蕴藉如王琪、王可田，老而弥新如沈奇、王宜振，逝而不去如胡宽、路漫，后起之秀如艾蒿、西毒何殇、吕布布、高璨、若水、左右等等。这些风格迥异的诗人共居一地又不相互排拒的文学生态，构成了陕西诗歌的大气象，也进一步促进了陕西诗歌的进步与繁荣。能够形成如此局面，我想一方面是长安大地的诗歌传统，一方面是地域特色的熏陶和影响，一方面是开放与包容的文化品格。身居其中的每一位诗人，都应当特别珍惜，并继续用自己的努力和成就，为陕西诗歌和中国诗歌增光添彩。

访谈时间：2013 年 11 月

李少君：雾霾时代，诗歌何为？

李少君，一级作家。曾任《天涯》杂志主编，现为《诗刊》副主编。著有《南部观察》《岛》《那些消失了的人》《蓝吧》《风情海南》《草根集》《诗歌读本：三十二首诗》《在自然的庙堂里》等多部专著，主编《21世纪诗歌精选》《十年诗选：2000—2010》等十多种选集。

诗歌是一种"心学"

李　东：李老师您好！您因大量写自然的诗歌，而被亲切地称为"自然诗人"。请问，您的诗歌为什么会聚焦自然？您如何评价自己的创作？

李少君：近年来一些评论家称我为"自然诗人"，可能是我的诗歌中关于自然的内容比较多。自然，确实是我诗歌写作的灵感来源地，甚至是我世界观、生活方式最重要的参照物。我一直认为：自然，可以说是中国古典诗歌里的最高价值。也是我的信仰来源。自然是中国人的神圣殿堂。这也被称之为一种诗性自然观。在一个污染严重、雾霾横行的时代，我觉得有必要恢复或者说重建这一根本价值理念。

我曾经把自己的诗歌概括为"湖海以远"。湖海，是指我生活过的湖南、湖北和海南。湖南湖北以洞庭湖为界，在这里，我建立起关于江湖的概念，为人处世总带些江湖气。后来到了海南，天涯海角在人们心目中是最遥远的地方，也给予人无限的想象力。我向往远方，也在这里培养起了海阔天空的胸怀，这些，也都成为我对自然的直观直觉的认识，并建构起我关于自然的信念。

我个人对自然的尊崇，也许与成长环境、生活方式乃至个人性情、思想认同有一定关系。湖南：我从小在乡下长大，大自然就是我的客厅，我基本每天都以自然为家。从小在大自然中摸爬滚打、撒野撒娇。我的出生地和读书的湘乡小城是一个风景秀美的地方，城边有东台山，在城里任何一个角度抬头就可看到，还有涟水河绕城而过。我每天早晨在河边看书朗诵，安静的河水也培养了我的情性和涵养。湖北：大学我就读的武汉大学号称中国风景最美的大学，坐落在东湖和珞珈山之间。我走遍了珞珈山的每一寸土地，经常在樱花树下躺卧看云。海南：大学毕业我又来到了海南，中国生态最好的地方，水和空气质量从来处于第一的位置,森林覆盖率一直名列前茅,满天的不断流动的云彩让人产生飘飘欲仙的感觉。自然山水从来就是我的老师,启蒙我对于美、对于人生的概念。

我现在还记得,我五岁左右爬山去看一个湖泊,被风景吸引,越走越远,又在湖边看了很久落日,回来时差点迷路,天黑了我还没回到家里,把我奶奶都急坏了,派我叔叔伯伯们打着火把去找我。但我那时没有害怕,自己寻回了家。因为我对自然很熟悉。我也曾在老家的山上不小心摔下来,小胳膊脱了臼。但好了后继续去爬山。大自然就是我的游戏场,而且我从不厌倦。还有那些树、那些花、那些植物也启迪我,让我认识世界和人生。你看根扎得深就长得高,多通俗又多深刻的道理啊。还有小动物很少贪婪,很少寻求超过其所正常需要的东西,只有人有多拿多占的怪癖。我会经常在林子里散步,独自行走,至今如此。所以我和自然是一个多年默契的关系,是相得益彰。

海南是一个看天生活的地方。每天出门前都要看看天气决定带不带伞,甚至是决定出不出去办事。我觉得这种生活方式很好,跟自然保持了一种密切关系。不像一些大城市的生活,其实是反自然的,夏天空调,冬天暖气,把人对自然的敏感性完全破坏了,人也压抑得麻木了,出点汗都很难,想方设法用香水掩饰人的自然气息,整容更把人变成一个物品,就这样,在都市里,人变成了一个精致的精心包装过的现代产品,很可怜。

因此,我把自然作为一个参照作为一种价值是自然而然的事情。自然和我的内在是融合的,我与自然没有什么隔阂隔膜,也没有什么冲突和矛盾。

而且,在我看来,自然就是中国文化的最高价值。这是由几个原因导致的。一是古代的自然观,古代中国人就习惯以自然作为一切的最高价值和标准。比如造字就是象形字,文字与自然是对应的关系。老子说:人法地,地法天,天法道,道法自然。有一种解释是这里的自然是一个时间概念,意思是自然而然。我不这么看，我觉得还是一个空间概念，意思是人们的行为都是参照自然的。道就是规律，世界的规律就是以自然为参照的。比如苏轼说，"人有悲欢离合，月有阴晴圆缺"，可见人的情感是参照自然的。尤其中国古代那些神，什么雷神、龙王等等，完全是以自然作为基础来构思的。所以这里的自然具有时间和空间的双重属性。而中国文化因为是建立在象形字的基础上，就更能看出自然对中国文化的影响了。象形字里本身就藏着自然，是具有实指性的。因此中国人不需要经过学习，有些字如"日""月"等也能认识，而拼音文字是做不到的。所以在中国，人们学习文字也就是向自然学习，模仿自然。由此，日月雷电皆神，花草树木皆有灵，万物有灵，是相当古老的中国人的观念。

其实现代人都热爱自然向往自然，比如每年几千万人到处旅游、游山玩水，就可看出来，现代人并不反感抵制自然；在现代生活体制下，他们有一定被迫性，被现代生活方式绑架了，他们在无奈之余也会逃离或反抗。我的诗歌在城市里有很多读者，而且很多是高级白领，是离自然似乎最远完全城市化的一些人，也能说明这个问题。他们工作在城市，生活在别处，心在别处。他们和我一样，都是想寻求一种对世俗生活的精神超越。所以评论家何言宏说我的超越其实就是一种反抗和批判，以超越的方式反抗和批判时下的流行观念，表达了一种社会性和公共性。他说得有些道理。这算一种反抗和批判吗？我不知道。

李　东：您说过您的诗歌是"道法自然"，并谈到您的自然观，在一个环境生态普遍污染的时代，这样的追求很有意义。能说说您的具体想法吗？

李少君：我曾经说过：雾霾时代，写诗是值得怀疑的，雾霾是反诗意的；雾霾时代，诗人何为？

中国传统，自然至上。道法自然，自然是中国文明的基础，是中国之美的基础。中国之美,就是青山绿水之美,就是蓝天白云之美,就是莺歌燕舞之美,就是诗情画意之美。《文心雕龙》很早就将自然与人文的对应关系阐述得很详尽:"日月叠璧,以垂丽天之象;山川焕绮,以铺理地之形。此盖道之文也。"

中国之美,是建立在自然之美的基础上的,是自然之美与人文之美的结合,其最高境界就是诗意中国。盛唐融疆域之广阔壮美与人文之自由、多样和开放包容于一体,乃诗意中国之典范形象。

很长一个时间段,江南之美曾是中国之美的代表。古人说,上有天堂,下有苏杭。江南是中国人最理想的居住地。自然和生活融合,理想和现实并存,诗意和人间烟火共处。江南最符合中国人向往的生活方式、观念与价值:道法自然。江南将"道法自然"变成了现实。"道法自然"是诗意的源泉,江南文化因此被称为"诗性文化",是中国文化中最具美学魅力的部分。"暮春三月,江南草长,杂花生树,群莺乱飞",此江南也;"青山隐隐水迢迢,秋尽江南草未凋。二十四桥明月夜,玉人何处教吹箫",亦江南也;"有三秋桂子,十里荷花。羌管弄晴,菱歌泛夜,嬉嬉钓叟莲娃",还是江南;"江南好,风景旧曾谙。日出江花红胜火,春来江水绿如蓝",最难忘江南……江南曾是自然、生活与诗意的最佳结合之地。但是,江南之美现在也蒙上了雾霾的阴影。

曾几何时,美丽中国不再。神州大地,目光所及,山河变色,污染横行,雾霾笼罩,垃圾遍地……美,无处可觅;诗,隐而不见,美丽中国只剩下一小片净土,已毫无诗意。我们已退到天涯海角,再无可退。幸亏还有海南之美,聊可慰藉。

雾霾时代,作为一个诗人,我又能做些什么?海南岛之碧海蓝天、椰风海韵殊可珍惜,但也危机暗伏。常有原始森林遭砍伐、珊瑚礁遭破坏、沙滩上垃圾遍布等等消息传出。我提倡一种个人式的"道法自然",这不是强制的外在戒律,而是自我约束的内心律令,我也许无法改变世界和他人,但我可以改变自己,可以要求自己尽量不给世界添麻烦,不是贪婪索求,而是给世界减少负担,甚至,最大可能地付出和给予。

  在生活中,过一种相对节俭的生活。比如交通以散步、自行车和公交为主;吃饭,以健康、不浪费为原则;人事,能自己处理对付的尽量自己解决,不给别人压力。遵循古人的教导:勿以恶小而为之,勿以善小而不为。己所不欲,勿施于人。我们无法强求别人,但我们可以约束自己,节省资源,降低欲望。保护生态环境,从自己做起,从点点滴滴小事做起,积小成大,自己先做一个示范。海德格尔曾痛陈技术至上取代精神价值之坚守带来的陈弊,诗人应坚持以对美的追求取代对功利的追求,守护山河大地的神圣性与神秘感。

  在诗歌中,境界唯高。何谓境界?我的理解就是指个人对自然的领悟并最终与自然相融和谐共处。唐僧圆晖所撰《俱舍论颂稀疏》称:"心之所游履攀援者,故称为境。"哲学家冯友兰认为:"中国哲学中最有价值的部分是关于人生境界的学说。"学者张世英说:"中国美学是一种超越美学,对境界的追求是其重要特点。"境界,就是关于人的精神层次,但这一精神层次的基础就是自然与世界,反映人的认识水平、心灵品位。王国维在《人间词话》里称:"有境界则自成高格。"境界里有景、有情,当然,更有人——自我。最高的境界,是"采菊东篱下,悠然见南山","纵浪大化中,不喜亦不惧",是"游于艺",是"天人合一"。追求境界,就是寻找存在的意义,其本质是一种内在超越。学者胡晓明称:"境界的要义,就是创造一个与自我生命相关的世界,在其中安心、超越、生活。"好的诗歌,就应该追求境界。古人称写诗为"日课",诗歌是一种个人化行为,诗歌也可以被视为一种个人日常自我宗教。我则视诗歌是一种"心学",是对自然与世界的逐步认识、领悟,并不断自我提升、自我超越。诗歌感于心动于情,从心出发,用心写作,其过程是修心，最终要达到安心，称之为"心学"名副其实。

境界的相关条件是自然，或者说，没有自然作为前提，就没有什么境界。古人早就说过："山水映道。"瑞士哲学家阿米尔也称："一片自然风景是一个心灵的境界。"学者朱良志说王维的诗歌短短几句，看似内容单调，但他实则是以情造出了一个"境"，比如"人闲桂花落，夜静春山空。月出惊山鸟，时鸣春涧中"，还有"飒飒秋雨中，浅浅石溜泻。跳波自相溅，白鹭惊复下"……都独自构成了一个个清静自足但内里蕴含生意的世界，是一个个完整又鲜活的"境"。在此境中，心与天地合一，生命与宇宙融为一体，故能心安。而按海德格尔的哲学，境界应该就是天地人神的循环之中，人应该"倾听""领会"与"守护"的那个部分，如此，我们才能"诗意地栖居在世界中"。

李　东：您说到山水自然，能否谈谈山水自然与诗歌的关系？

李少君：自然山水是诗歌永恒的源泉，是诗人灵感的来源。道法自然，山水启蒙诗歌及艺术。"外师造化，中得心源"，几乎是中国诗歌和艺术的一个定律。

自然山水本身就是完美的艺术品，比任何艺术品更伟大。比任何一本书都更启迪艺术家。山有神而水有灵，王维称其水墨是"肇自然之性，成造化之功"；董其昌称"画家以天地为师，其次以山川为师，其次以古人为师"；诗人袁宏道说"师森罗万象，不师古人"。以山水为师，是众多伟大的诗人艺术家们艺术实践的共同心得体会。

人们还认为山水本身是一种伟大的艺术形式和永恒的精神品格，对此，作家韩少功分析："在全人类各民族所共有的心理逻辑之下，除了不老的青山、不废的江河、不灭的太阳，还有什么东西更能构建一种与不朽精神相对应的物质形式？还有什么美学形象更能承担一种信念的永恒品格？"所以，人们也以山水比拟人格,"仁者爱山,智者爱水",成为人物品评的一个标准。

自然山水具有强大的精神净化作用,灵魂过滤功能。诗人谢灵运很早就说:"山水含清晖,清晖能娱人。"汤传楹《与展成》文中称:"胸中块垒,急须以西山爽气消之。"南朝吴均《与朱元思书》里更进一步说:"鸢飞戾天者,望峰息心;经纶世务者,窥谷忘返。"……看见山水,人们可以忘记一切世俗烦恼,可以化解所有焦虑紧张,所以古人称"山可镇俗,水可涤妄",山水是精神的净化器。西方也有类似说法,美国作家华莱士·斯泰格纳认为现代人应该到自然之中去"施行精神洗礼"。

自然山水这种巨大的精神净化功能和灵魂疗治作用,导致中国古代山水诗和山水画盛行,山水诗歌成为诗歌的主流。谢灵运、陶渊明、李白、杜甫、白居易、苏东坡等等都是伟大的山水诗人,写下过大量的经典杰作。山水诗可以安慰心灵,缓解世俗的压抑。

地方性诗歌的兴盛是一种自然现象

李　东:您曾谈到,新世纪诗歌有三支建设性力量:网络诗歌、地方性诗歌和女性诗歌(即新红颜写作)。最近一段时间,您正在做地方性诗歌研究。请您谈谈地方性诗歌对推动汉语诗歌发展的可能性。

李少君:历史地看,中华文化其实是各种地方文化的大融合。中国地方文化之多样性,可以说是人类文明中非常奇特的一道景观。中国文化本质上是由地方性文化构成的。

这首先与中国地形地貌之复杂性有关。世界上最具有多样性的国家,仅从地形地貌上来说,只有两个国家,就是中国和美国。这两个国家同时拥有沙漠、森林、大海、高山、冰川、雪地，几乎所有的地形地貌都有，其他的国家地形比较单一。而我们都知道，文化与地形地貌是有很紧密的关系的。我们历史上也从来没有中国文化这样一个概念，中国文化的概念实际上是在遭遇现代性危机，和西方文化发生碰撞后产生的。我们以前说文化，我们习惯性地说有所谓江南文化、岭南文化、楚文化、巴蜀文化、齐鲁文化乃至西域文化、藏文化等等，为什么？其实是因为中国历史上文化中心始终在不断移动之中，从未固定在一个地方，这就造成了多元化的各种文化互相竞争、相互融合促进的状况。

费孝通先生很早就指出："中华民族作为一个自觉的民族实体，是近百年来中国和西方列强对抗中出现的，但作为一个自在的民族实体则是几千年的历史过程所形成的。中华民族多元一体格局的形成过程，它的主流是由许许多多分散孤立存在的民族单位，经过接触、混杂、联结和融合，同时也有分裂利消亡，形成一个你来我去、我来你去、我中有你、你中有我，而又各具个性的多元统一体。这也许是世界各地民族形成的共同过程。中华民族这个多元一体格局的形成还有它的特色：在相当早的时期，距今三千年前，在黄河中游出现了一个由若干民族集团汇集和逐步融合的核心，被称为华夏，像滚雪球一般地越滚越大，把周围的异族吸收进入了这个核心。它在拥有黄河和长江中下游的东亚平原之后，被其他民族称为汉族。汉族继续不断吸收其他民族的成分而日益壮大，而且渗入其他民族的聚居区，构成起着凝聚和联系作用的网络，奠定了以这个疆域内许多民族联合成的不可分割的统一体的基础，成为一个自在的民族实体，经过民族自觉而称为中华民族。"费孝通先生谈的是中华民族的大融合问题，文化的发展与此还不完全一致，即使在汉族内部，不同地域也形成不同文化，互相竞争、此起彼伏，最终冲突、吸收并融合为现在我们所说的中华文化。

我个人认为这种文化的多样化及其自由竞争，恰恰是中国文化几千年来能够不断自我更新升华的原因，其缘由是常常在一种主导主流文化衰落后，又有新的地方性文化注入新鲜因子，激发其内在活力。所以孔子说，"礼失，求诸野"，可以理解为其实说的是"礼"在当时的中心地区衰败后，可去偏僻边缘地区寻找，那些地方也许保存有，并反过来反哺中心地区；近代最典型的例子是清朝的所谓"中兴"，其实是湘楚文化拯救的，因为中心地区早已衰败。上世纪初的国民革命发源于相对边缘的岭南地区，并依赖海外华侨的支持，也符合这一历史规律。中国历史观里有一种循环观，所谓三十年河东三十年河西，我的理解是每一种地方文化都会有它辉煌的时刻。

当代诗歌的地方化趋势其实从第三代诗歌就已经开始了，并在不断扩大之中。

当代诗歌从朦胧诗算起，是"自上而下"的产物。朦胧诗发源于北京，也局限于北京。一小批高干高知子弟得益于文化专制与垄断，比较早地接触到西方现代主义诗歌，读了所谓的"灰皮书"，向其学习模仿后——而且可能是断章取义的学习，引进至中国语境，没想到给封闭已久的沉闷空间打开了一扇窗口，朦胧诗迅速引起轩然大波，产生广泛影响。但是，这种表面的热闹其实是隐含危机的，具有泡沫化的特征，因为这种自上而下的示范性创作类同于精英号召或领导指示，其实并不一定有什么民意或民众基础，为什么"朦胧诗"被认为"朦胧"，其实说的是这种诗歌并没有广泛的市场和心理需求及基础，并不能真正打动普通民众的心灵，深入他们的内心深处（当然，个别的天才的作品例外，比如多多等，但多多等当时恰恰不受欢迎和重视）。这种震动的情况只不过类似于，因为相信这些高干高知子弟们是见多识广的，他们说的东西可能是好东西，再加上专家们善意的扶持和评论，人们才勉勉强强先接受下来，但其实不一定经得起时间考验，其实可能只具有时代价值而没有真正的艺术价值。这就是为什么最近有年轻一代学者指出，其实是出于一种急切的现代化的愿望,人们将先锋小说过早经典化,但现在看来却有些承受不起。我觉得,朦胧诗的情况也完全类似,以至一个海子出来后,仅仅二十多年,朦胧诗都似乎有被遗忘和遮盖的迹象。

但朦胧诗毕竟开了一个头,随后,诗歌继续发展前行,第三代浮出水面。有意思的是,第三代几乎全是外地的,一个中心开始分散为多个中心,四川、华东(南京、上海、福建等),还有东北等地,诗歌力量开始以地方团体的形象出现。

四川是其中的一个典型。1980年代中期,朦胧诗之后,四川成为中国当代诗歌的一个试验场,也可以说是真正的当代诗歌的发源地。相对于朦胧诗,四川的诗歌更有某种原创性。他们下接地气,比如悠久的巴蜀文化;上承开放诗歌局面之春风熏陶雨露沐浴,四川在文化艺术很多方面走到时代前列。第三代诗人作品以手抄、民刊的方式传播,逐渐被广泛接受。四川诗人是朦胧诗之后最早挑起起义大旗的,他们提出"PASS北岛,超越舒婷",宣布新的诗歌时代开始了。莽汉、整体主义、非非、四川七君等一支支诗歌队伍各立旗帜,相互既独立、竞争又融合,四川诗歌因此充满活力和创造力,第三代许多优秀诗人接连涌现,成为1980年代的一道诗歌景观。四川诗人的所作所为,后来影响到全国各地,也可以说他们开启了地方性诗歌的风气之先。

到现在,地方性诗歌已经是遍地开花。用一位诗人最形象也最恰如其分的一句话描述,就是:如果说朦胧诗是当代诗歌的第一声春雷,那么,现在大地才真正觉醒,万物萌发,竞相争艳,生机勃勃。确实,进入新世纪以后,借助网络化全球化的潮流,地方性诗歌开始占据主导地位。

此外,地方性诗歌的兴盛恰恰也是对自然的尊重,是一种自然现象,是自然形成的。

李　东：在关于地方性诗歌的讨论中您很推崇昌耀，能阐述一下吗？

李少君：对昌耀我有一个逐步认识的过程。2013年8月，我再次来到西宁，参加青海国际诗歌节。刚到的第一天，我就又买了一本《昌耀诗文总集》，这本书其实我此前已买过两本，这次再买，是表示对昌耀的致敬，同时也想再一次好好读读昌耀。记得自己第一次投入地读昌耀，是《人民文学》为他做了一个专辑，我硬是抄了一遍。2000年，《昌耀诗文总集》刚出版时，我也邮购过一本。这些年多次断断续续地阅读昌耀，每次总会有一些新的认识。这次，在青海，我白天参加活动，晚上读昌耀，深深地感到，我们对昌耀应该全面地重新认识。

我曾经说过，在朦胧诗抱团以集体面目出现时，昌耀却是独自一人，屹立在中国的西北脚，在青海高原上。现在看起来这是一种预兆。历史地看，昌耀确实高过了很多人，包括了很多朦胧诗人。朦胧诗有时代意义，不容否认，但其意义也更多地限于时代，现在重新阅读朦胧诗，隔膜越来越多。但读昌耀不会，昌耀是那种你越读越觉得博大深厚的诗人，他的多元文化交织的生活背景（青海是一个多民族交融共处的地域，有五十二个民族居住），他的独自一人孤独隔绝的存在背景（高原上的蛮荒与艰苦），还有他在湖湘文化影响下的儒家精神（担当感、进取心与建功立业的冲动），和在革命历史中产生的英雄主义和理想主义激情……昌耀远比一些只是受了一点西方现代主义和革命抒情主义影响的朦胧诗人更耐咀嚼。诗人谭克修有过一个说法，说昌耀是地方主义诗人，是地方性诗歌写作的先行者，颇有洞见。

昌耀显然代表着当代诗歌中的一个方向，如果需要命名，那就是地方性诗歌的方向。而且这个方向如此有吸引力，当时就吸引了一大批年轻学子，比如海子、西川、骆一禾等等，他们有些到青海后专程来拜望昌耀，多么像盛唐之初年轻的李白、王维等去看望地方性诗人孟浩然啊。

当代诗歌，如果从1970年代末算起，朦胧诗更多地代表一种时代意识、批判意识及对西方诗歌的模仿学习，也是一种诗歌的方向。但较之昌耀代表的地方性诗歌方向，朦胧诗似乎已随时代而去。而昌耀的这种地方性诗歌的方向，显然有着更深远的意义，也具有更大的包容性和生命力，比如对自然和大地的关注，对传统的继承，对多元文化和多样性的尊重和吸收，对地域的强调和弘扬，对神性的维护和膜拜（这些曾被朦胧诗等解构掉了），还有他的"草根性"，一种立足扎根于土地的写作，一种真正的自由、自然、自觉的个体创造。我甚至越来越觉得应该称昌耀为百年新诗以来真正具草根性第一人。

确实，关于昌耀总是能引起很多话题，因为他触及的那些命题，至今未过时，还在延续；他作为一位大诗人显示的多种维度，启迪了无数年轻的诗人。在青海的最后一夜，我和潘维、潘洗尘、李森、沉河、郭建强等诗人，就昌耀谈论了整整一夜。

中国文学史是"选本文学史"

李　东："当代诗歌正处于新诗诞生以来最好的时期，当代诗歌不是没有好诗，而是缺乏诗歌精选工作，把那些真正的好诗选出来，并传播出去。"这是您做"每月好诗选"的初衷。目前各类诗歌选本越来越多，大有泛滥之势，好像有很多人在做诗歌精选工作，真的是好诗歌越来越多吗？您如何看待这样的现象？

李少君：自2010年6月以来，我就在个人新浪博客推选"每月推荐好诗选"。跟某些舆论认为当代诗歌乏善可陈相反，我一直认为，当代诗歌正处于新诗诞生以来最好的时期，当代诗歌不是没有好诗，而是缺乏诗歌精选工作，把那些真正的好诗选出来，并传播出去。而这一工作如此艰巨，不亚于大海捞针，沙里淘金。

但我很愿意来做这样的一些工作，这也与我一直从事编辑工作有关。我最早编的一些诗选，是从1996年开始编《天涯》诗歌栏目累积下来的。因为喜欢读诗，我的诗歌阅读量是比较大的，这样就可以比较，就可以优中选优，所以《天涯》的《诗歌精选》栏目虽然每年只有一期，但是很有些影响，是从各种民刊和公开刊物里再精选出来的。比如1997年推出过一个"多多专辑"，是从黄灿然编的民刊《声音》里再选出来的。《天涯》办了几年后，觉得还应该被更多的人看到，就开始编诗歌选集。因为编得顺了，经常有人约我编，就编了不少。后来就开始使用博客，可以说又进入编诗的一个新时期。

其实起初是无意识地，因为每年为《天涯》编一辑《诗歌精选》，我是一个精益求精的人，总希望自己选出来的是最好的诗，这就工作量很大，把自己弄得也很累，尤其在专辑要出来前一两个月，每天看大量的诗歌，从各种途径选诗，自然来稿、民刊或公开刊物上发表过的，还有诗人朋友的推荐。后来又有了诗歌论坛、博客，好诗隐藏在网络的汪洋大海之中，要在短时间内从网上淘到好诗，我每天上网浏览，很辛苦。后来我想改变一下办法，一看到好诗就先留下来，慢慢累积，这样可以轻松一些，这样还分解工作量和压力。我是一个阅读量比较大的人，只要有诗歌我就会瞥一眼，有时无意中也会看到很多好诗。但即使这样，每个月选出来的诗歌就不少了。正好新浪给我开了博客，我想要是我把每个月选出来的诗贴博客上，别的诗人也可以看到，可以让大家分享，是一件多好的事啊。另外我也可以看看我自己选的诗歌别人反应如何，最后再精选一次还可以发《天涯》，还可以编诗集，何乐而不为呢？就这样，选诗变成了一个系统工程。自2009年8月起，我每月推出"每月推荐好诗选"，读的人越来越多，新浪也觉得很有意思，就每期都推荐，读者越来越多。我经常开玩笑，我的每月推荐的读者已经超过很多公开诗刊了。

后来又有了"中国好诗歌"的推出，在形式上受了娱乐节目"中国好声音"的启发，但目的还是为了更好地推荐诗歌。"中国好声音"的成功之处，我觉得是两点：一是海选，二是专家认可。海选不用说了，"超女""快男"就已证明很有效，但那是娱乐，大家对选手的水平还是半信半疑的，还只是把他们当成流行歌手而已。专家认可就又不一样了，就不仅是娱乐，还是专业了，那英、刘欢等四大导师看中的，可能就不是等闲之辈，是有希望成为真正的歌手的。这样一结合，"中国好声音"就很有生命力，也很有权威性。再说，我做了三年的诗歌推荐，读者不少，可别的诗人们究竟觉得如何，我还是不清楚的，我虽然对自己判断力很自信，但我觉得也应该听听其他优秀诗人的意见。就这样，我邀请了雷平阳、臧棣、潘维、陈先发四位诗人来参与，让他们也参与推荐，然后在我综合的基础上，他们再每人每月推荐一首诗歌。这四个人的选择我也是有所考虑的，一是四个人诗歌风格本就不同，二是四个人的搭配也很有意思，臧棣有学院背景，是北大的教授，自己又写诗；雷平阳比较民间化，如今正是名声日隆；潘维是江南才子，特别讲究语言；陈先发在大学时代就很著名，拥有很多诗歌纷丝，又有复旦背景，游离于学院与民间之间。我和他们一说，也都立马答应，可见大家有时候想法差不多。现在看来，选这四个搭配最合适，"中国好诗歌"第一期一出来，就有出版社专门来电话敲定以后要出版。

这些事情，我后来从理论上也进行了一些思考，就变得有意识和自觉性了。中国文学史历史上其实是一个"选本文学史"，是围绕选本来展开的。比如《花间集》《全唐诗》等等。而我们的现当代文学史，受西方文学影响太深，过于重视思潮、流派和事件，而不是强调作品本身。而且这样的文学史写作，无论左派还是右派,都很容易被观念和意识形态主导,本质上是一样的,容易政治先行,政治第一,这也是很多文学史读来索然无味的原因;这也是当代诗歌始终不能被广泛接受、不能得到广泛传播,也无法深入人心的原因,很多诗歌史里的那些作品就让人觉得写得一般,成就不高,而又鼓励了诗歌界热衷制造流派事件而非专注诗歌本身。当然我希望的文学史写作我自己无力完成,所以就做些资料工作、作品挑选工作,期待既有理论素养又立足诗歌现场关注作品本身的真正行家来完成这一工作。

李 东:近几年您为中国诗歌做了许多事情,特别是您和张德明老师提出的"新红颜写作",在诗坛引起持久而激烈的争论,成为诗歌界一个重要现象。您认为"新红颜"提出的基础条件是什么?引起广泛关注的原因又是什么?

李少君:"新红颜写作"提出已经有四五年了,似乎热潮还未退却。前段时间由于关注"地方性诗歌"的话题,对女性诗歌有所忽略。但我一直注意到,一些有责任感的诗人、编辑在推进女性诗歌的发展,周瓒等人的女性诗歌杂志《翼》持续出版;晓音等人主编的《女子诗报年鉴》始终保持高质量;一些诗歌杂志经常推出"女性诗歌专辑";张德明先生继续推进"新红颜写作",与《湛江文学》联合推出"新红颜写作专号";而郭思思发起编辑《中国诗歌地:女诗人诗选》,也得到了广大女诗人的呼应,这本诗选中就收入了两百位女性诗人的诗作。我们只要回顾一下新诗诞生以来,女性诗人数量比起男诗人何其少,各种权威诗歌选本中收集的女性诗人作品何其少,就知道这其实是具有历史性意义的现象和时刻。女性诗人们正昂首阔步地走上了诗歌的舞台,大张旗鼓地高举各种女性诗歌的旗帜,开始了"美的开疆拓土"的进程。最近接连又出了几本女性诗歌读物,比如《诗歌风尚》《中国诗歌地理:女诗人诗选》等等,无疑象征着女性的心灵苏醒和精神版图的扩张。地理，是一个空间词，说明女性诗歌从早期关注时间推进转移到两性诗歌空间的争夺、占领与平衡的层面了。在男性诗歌节节退后（当然，这本来也许就是男性占据过多地盘）的今天，女性诗歌趁机进入，有着复杂的多种原因，我觉得我们要注意这么几个重要因素：

诗歌史上女性的缺席，女性经验与感受的缺位，女性被代言。如果我们追溯得更远一些，就更会发现女性在诗歌史的缺席何其严重。五代十国时期，一部以女性的名义编纂的词集《花间集》，艳丽香软的词风，描绘闺中妇女日常生活情态，里面所收诗歌大多是关于女性的感受、生活与诉说的，但作者全是男性。如果再深入追究，历史上除了李清照等少数女诗人，我们读到的众多以女性名义倾诉幽怨爱恋的诗歌，其实大多是男性诗人创作的，这一风气自屈原自命"香草美人"就开始了。五四以后，女性诗人稍有增多，但新诗史上女性诗人仍寥寥可数，冰心、郑敏、陈敬容直到舒婷、翟永明，何其少也。这一状况，进入21世纪才有所改观，女性诗人和女性诗歌已不可忽略。

女性文化素养、教育程度和社会地位的提高。上面说的女性诗歌状态有所改观，最根本的原因还是女性教育程度的提高和女性文化素养的增强，使得女性社会地位上升。在古代，"女子无才便是德"，所以基本不鼓励女性读书，贵族家庭也有些女性受到教育，但总体很少，且有相当局限性。现代思潮自由、民主、平等、独立的狂飙猛进，女性社会地位大幅提高，女性读书、工作、走上社会是"五四"期间的一道风景。这一情况在文学、诗歌上也有直接反应，女性诗歌和女性诗人大量涌现。新时期以来，西风东渐，传统受到冲击，女权主义兴起，但女权主义全面铺开之后，女性诗歌内部也开始产生变异、分化乃至分流，是强调共同性逐步与男性同化获取相同权利甚至凌驾于男性之上，还是仍然保持女性差异性特质，但相对自由、独立和平等，这其实也是"新红颜写作"乃至别的女性诗歌潮流出现的一个文化和时代背景。女性是与男性共同组成社会与世界，而非女性的崛起以驱赶压抑男性为前提，否则会造成新的社会不平等，变相产生新的压迫性的权力结构，形成新的压制秩序。

网络带来的诗歌艺术民主化。在网络时代，全球化的交流融汇，女性诗歌写作已成为一种社会风气。女性要诉说自我，自己发言，宣扬自我，张扬性情与思想，在某种意义上是现代性的一个基本标志。女性诗歌、女性诗歌观、女性诗歌史，都成为了一种可能。网络奠定了诗歌民主的基础和平台，女性诗歌借助网络，就像翅膀之于飞翔，女性诗歌因此得以遨游天空，畅游四海。所有创造性的诗歌有福了，无论你是男是女，但考虑到女性以往的弱势地位，新的传播机制显然更有利于女性诗歌和女性诗人，让她们真正地走上了时代前台。

所以，对于女性诗歌而言，现在所处的是一个重要的时刻。正因为以前匮乏，匮乏就是契机，无中生有，"无"产生"有"，正因为以前我们"无"，所以我们现在可以放肆地"有"，但"有"不等于泛滥放纵。艺术与非艺术的一个区分尺度就是"度"，艺术高低的一个评判标准也是"度"，有所为有所不为，有所探索有所节制，这其实也是人类文明的根基。文明，就是人类摆脱兽性、人类之所以成为人类的标志。艺术如此，诗歌亦如此。

"新红颜写作"的出现曾经将女性诗歌和女性诗人推到风口浪尖，但没有什么能阻挡女性诗歌和女性诗人的步伐。

海南价值对中华文明意义重大

李　东：您二十多年生活在海南，能谈谈海南吗？

李少君：我对海南情有独钟，可以说二十七年前，第一次到海南就爱上了这个地方。我一直觉得，海南有大美，一是自然之美，二是人文之美，三是在自然生态和人文结合之上产生的生活方式之美。

海南有自然之美：碧海蓝天，青山绿水，空气质量优异，水资源优质，森林覆盖率高，海南也有人文之美：传统儒家文化、近代南洋文化、琼崖红色文化、农垦知青文化、十万人才下海南的闯海文化、绿色文化、海洋文化……人文之多样性丰富性，让人惊叹。

海南还有在自然生态和人文结合之上产生的生活方式之美：人们和谐地生活在这里。传统与现代相接，自然和人文结合，文化与生活相融。很多古老村落完整地保留了海南人自然人文生态原始标本，原汁原味，海南人的生活方式一览无余，比如土地庙，是对祖先和神明的敬重；河流通畅清澈，每一滴都是自然赐予的资源；农家灶台和牛羊猪鸡圈分开但相距不远，家畜家禽们食用的就是周边的花草果实，一种自然循环的生存方式；房子建造因地制宜，充分利用本地材料，海边住房低矮，考虑防范台风，科学而生态……总之，这里保存着一种健康自然的生活方式，祖祖辈辈人们在这里休养生息的。

在一个到处污染、雾霾笼罩的时代，艺术何为，是值得每一个艺术家思考的。自然生态之美，无疑是今后几十年乃至上百年中国人的最大追求。人文之美，里面蕴藏着未来价值的要素。孔子说："礼失，求诸野。"祭祖，敬重自然，家庭和睦，人与自然生活和谐，都保留在这里了。这也就是生活方式之美，自然、祖先、神明与人的和谐共处，动物植物也包括其中；同时一直保持一种开放的自由的包容性，千年传统保存完好，现代化之风从海上吹来，海南万物和谐相处，自然协调循环，生生不息。

李　东：我看到您在一篇文章中谈到海南价值观，您能解释一下吗？

李少君：这个其实是讨论七集人文纪录片《海之南》时提到的，我觉得这个纪录片的意义就是正式提出了海南价值观。

《海之南》第一集《天堂岛》前头有一句话，说因地质运动，海南与大陆隔开成为一个岛屿后，从此开始了独自进化的生态系统。片子还举了"海南有熊而无虎"的例子，分析海南开始独立自发生态演进的大致时间。我觉得这一句话奠定了整个纪录片的基调，那就是对于海南独特性的强调。这对以前关于海南题材的纪录片乃至关于海南的文化叙述视角都具有颠覆性，以前这类作品都强调海南仅仅是中华文明中非常边缘的部分，然后展示一下海南岛观光色彩的特别风情。而《海之南》不一样，整个片子采取一种全新的视角，阐述了海南岛独特的生态环境，独特的风物资源，以及独特的人文传统、生活方式和价值理念。

《海之南》第一集《天堂岛》及第七集《祖宗海》，重点就是海南独特的生态环境，热带海洋，阳光充足，雨水丰沛，万物生命力旺盛，大海浩瀚无垠，海南就是这样一个神奇的地方；第二集《沉香》、第三集《黄花黎》、第五集《滋味》，说的其实就是这个独特生态环境基础上产生的独特风物资源，这些风物资源稀少罕见神奇，完全有别于中土风貌，因而非常珍贵，备受追捧；第四集《人家》和第六集《海口》，则介绍了生活在深山中的黎族和海上的疍家，海南岛是黎族唯一的家园，长年生活在南海上，他们都有着自己独特的生活方式、人文传统。海口则是一个生长着的热带岛屿滨海城市，正在其现代转型中寻找自己的城市形象，其历史演变颇有独特性和代表性。

海南的独特地貌及历史文化也产生了众多神奇之物，比如黄花黎是植物的代表，还有海南的三大热带雨林原始森林里有着数百种海南独有植物。黑冠长臂猿是动物的代表，黄花黎的价值众所周知，黑冠长臂猿是最接近人类的四大类人猿，全世界已经只剩下二十多只，生活在原始森林里。深山中的黎族，海上的疍家，都有自己独特的生活方式，而且他们都有着强烈的生态意识。正是海南人的生态意识，海南才成为中国现在生态环境最好的地方。而谭门渔民几千年对南海的开拓，是中国海洋文明的创造者，也是中国海洋文明的先行者和探索者。

海南的这种独特性，正是中华文明主流传统中稀缺的，对中华文明的未来是有重要意义的。海南的生态文化具有一种后现代性，可以弥补现代化的缺陷失误；而谭门渔民对于南海最早的探索开拓，不仅守护了祖宗的疆域，这种本土的海洋文明精神，也是未来的世纪里将影响中华文明走向的中国海洋文化的先锋。所以，独特的海南价值，可以说为中华文明提供了一种新的价值，这种价值对于中华文明的发展及未来都具有重要的启迪。至于所谓海南是"文化沙漠"的论调，其实是缘于对海南岛独特价值的不了解、不理解，是一种自我中心主义的根深蒂固的错误认识和思想盲点。

访谈时间：2014 年 1 月

鄢烈山:"公民写作"的践行者

　　鄢烈山,杂文家,时评家。农家子弟,1982年北师大毕业。做过农民、教师、政府干部,从事新闻工作二十六年。退休前是南方报业高级编辑,先后曾任《南方周末》编委、总编助理。现为个人纪事丛书《白纸黑字》主编,思想类文摘《南方参考》丛刊特约主编。1984年开始写作,著有《冷门话题》《追问的权利》《点灯的权利》《中国的个案》《钢丝上的中国》等个人文集二十余种,其中《一个人的经典》获全国第三届(2001—2003)鲁迅文学奖。另著有传记《威凤悲歌:狂人李贽传》,并主编有中国杂文年选花城版十册(2003—2012)等。

发表杂文是有风险的

李　东：您好鄢老师。您是以杂文写作走进公众视野的，单从报刊来看，杂文相比与小说、散文、诗歌，刊发的平台较少，同样是文学作品，杂文似乎面临"不公"待遇，您如何看待？

鄢烈山：我没有这种"不公"的感觉。我觉得很正常，不论是为读者服务，还是为政治服务，杂文版面占多少都是某种需求的产物。

"杂文"正如其名显示的，从来就不是文学的正宗。现代杂文最繁荣的"鲁迅时代"，它又叫"小品文"。

网络时代，报刊发表杂文的园地更少了，有话直说的时评时兴了，这是社会的进步，我们应该为之高兴。不便直说，或者侧重表达情感而不重讲理的"杂文"，在网上多得很，长短不拘，从短信段子到"恶搞"文章，都可以算是新型杂文。

只要写得有观点有味道，"杂文"不愁没有发表平台，不愁没有人"疯传"了。

李　东：新作《中国杂文百部·鄢烈山集》自序中，您写道"我们的杂文，正是以百折不回的精神，为在中国建设民主政治、市场经济、公民社会、多元文化做出了贡献。"您觉得杂文的发展在这"百折不回"中面临哪些困境？

鄢烈山：所谓"我们的杂文"，是一种总体评价，而且具有明显的相对性。就杂文界讲，1949 年以来，大多数作家是尽可能在争取讲点真心话，讲点针砭时弊的话，但也有把杂文写成跟风"大批判"文章的，也有所谓用"新基调杂文"取代"鲁迅风"的杂文写作理论。就单个杂文家来讲，可能大多数作品是批判性的，所谓"投枪、匕首"或"解剖刀、银针"，价值观念是可取的；但也有些篇章可能是宣扬了某种陈腐的思想观念。比如，老杂文家林放（即老报人赵超构），"文革"后在《新民晚报》的

《未晚谈》专栏，有许多好文章（如告诫人们警惕为"文革"招魂的《江东子弟今犹在》），也有一些很不怎么样的杂文（如《哀王孙》讥笑前民主德国领导人搞改革，没有坚决镇压自由化思潮是自掘坟墓，以致丢了权位一如破落贵族，似乎应当将个人得失与小集团的既得利益置于国家与民族命运之上）。

当代的杂文困境，一直是不能比较自由地表达思想，最好的选择是"莫言"（沉默不语或歌功颂德，以及跟风批"帝修反""打死老虎"）。不要说"反右"时期和"文革"中，拿写杂文的邓拓、吴晗、廖沫沙所谓"三家村"祭旗，就是在因特网时代，网上发表杂文也是有风险的，比如网上成名而近来已难见到文章的韩寒、李承鹏等人，他们不受待见，而远离政治的郭敬明，却可以风靡下去，这局面并非写作领域自由竞争的胜出。

另外一个困境，就是杂文作者说来说去，都是文明社会的基本常识，所谓"启蒙"，连自己都觉得无趣。（邵燕祥先生前两年曾说，再也不写反腐败题材的杂文！）而一事一议的时评，因针对性较强，题材有点新鲜感，读者更多一点。

再有，就是一些杂文作者的观念跟不上时代进步，上面说的林放先生即一例；我这种人没有经济和法律等专业背景，观念都是常识，文章没有深度。年纪大了，记忆力衰退，要从头开始钻一门很难。

不过，学习是没有止境的，社会在变，传播手段越来越先进，比如微信公众号其实就是电子杂志，雨后春笋般兴起，从前难以看到的文章现在很容易分享，只要肯学还是会有很多收获的。

李　东：在当前全民娱乐化、文化快餐化时代，您觉得杂文存在的意义在哪里？

鄢烈山：正是在这样的社会环境中，杂文的存在就更有意义了。它能激活人们的思想，是以社会批判为意志，可以对这个时代起到补弊救偏的作用，至少可以满足那些关心社会进步者的阅读需要——中国这么大，形形色色的人都有，永远不可能只有一种爱好和偏好。

杂文最重是风骨

李　东：网络上有人亲切称您为"当代鲁迅"，您也凭杂文荣获过鲁迅文学奖。您觉得当下杂文和鲁迅时期的杂文相比，呈现出哪些新的特点？

鄢烈山：称我是"当代鲁迅"，是部分人的偏爱，实在愧不敢当。鲁迅一百年只有一个，鲁迅文学奖获得者仅杂文项就三年一个，显然不可相提并论。

当下杂文写得好的，与鲁迅时期的杂文（当然也是指好的，不包括创造社郭沫若那伙人和"四条汉子"那种年轻人，攻击鲁迅的"唯我独革"的文章），有共同点，那就是独立人格、批判精神。这一点，鲁迅先生1927年底在暨南大学的演讲《文艺与政治的歧途》中表达得很清楚：文艺就是批评社会现状，批评掌权者的，因此掌权者在夺取政权阶段视为同盟军，掌权之后就要钳制批评他们的文艺。

鲁迅杂文的长处是对旧制度旧文化旧传统，乃至对人性的幽暗有透彻的认识，而受限于他所处的时代（1936年以前世界主流思潮"左"倾，苏联的所谓"成功"蒙蔽了世人也蒙蔽了鲁迅。他很少有自由民主宪政的观念，这方面受日俄文化影响的鲁迅远不如受美国文化影响的胡适清醒）。当下的杂文家，是后来者，是"事后诸葛亮"，因特网提供的海量信息也远非鲁迅的知识范围可以相比，很多观念自然应当比鲁迅更符合社会进步的发展方向。

李　东："公民写作"是您所推崇的，被视为杂文写作新概念，那么它有哪些显著特征？

鄢烈山：将"公民写作"概念引进杂文写作领域，并不是说只有杂文作者要有公民意识。每一个写作者，除了给领导和老板代笔的秘书，包括写议案的人大代表和写提案的政协委员，都要有公民意识。公民意识，第一是平等意识，不是谁的奴隶和奴才；第二是权利意识，首要的是宪法确认的包括言论自由和参与公共事务、监督各级权力机关等公民权利、社会经济权利；第三是要有社会责任感，权利与责任是不可分割的；等等。

我曾在阐述公民写作概念时写道：宪法赋予"我"思想自由、言论自由；表达个人见解、对国家和社会事务的管理发言，"我手写我心"，本是"我"应有的权利和义务。

我不比谁高尚，没有宣道传教者的优越感，并不想居高临下的教诲任何人；也不比谁高明，既不想做"王者师"，也不想当启蒙塾师。我只是一个公民，是我所是，非我所非。

我不比谁卑贱，一不稀罕待诏金马门代"圣上"拟旨的恩宠，二不想要"文死谏"留名青史的虚荣，更不是出入廊庙供主子解闷的优伶或奉旨骂人的阉奴。我只是一个现代社会的公民，思我所见，言我所想。

我不是当权派，也不是反对派，没有"彼可取而代之"的志趣；不愿跟着别人的指挥棒做"合唱"队员，也不想存心搅局与谁过不去。我只是一个公民，自认为依法享有个人权利的自由人，眼里容不得沙子，心里憋不住疑问……

以上表述中"宪法赋予"的"赋予"一词应该改正为"确认"。我们的基本人权和公民权利，是与生俱来的所谓"天赋人权""人生而平等"，宪法只是以最高法律载明而已，我们的基本人权并不因谁改写了宪法就可以合法丧失。

李　东：您眼中优秀的杂文是什么样子的？

鄢烈山：杂文最重是风骨，不媚权不媚俗，是我所是，非我所非，心忧天下，为民请命，匡扶正义，寻求公道。所以，好的杂文作者一定是敢爱敢恨不信邪的性情中人，好杂文一定彰显出一种苏世独立的人格、自由奔放的精神和强烈自觉的公民意识。在好杂文里，情感的力量、道义的力量与人格的力量是水乳交融的。

好杂文，能见人所未见，言人所未言，能带给读者"思维的乐趣"，有一种智慧之美。杂文是批判的艺术，更是思辨的艺术。它让人们对习焉不察的现象或安之若素的观念重新审视，产生"原来如此"之悟，这就是一种发现的快乐。知人论世洞幽烛微，辨奸揭伪直捣黄龙，要有胆更要有识。

好杂文追求独到的见解，不避"片面"之讥，因为它不想独占话语权而终结真理，只想激活人类的思维，其"独见之处，即其精光不可磨灭者"。这与杂文靠严谨的逻辑征服人并不冲突。比如，1980年吴有恒发表的《〈东方红〉这个歌》，将其歌颂"大救星"的有神论与《国际歌》唱的"从来就没有什么救世主"的无神论"相提并论"，呈现矛盾之所在，批评搞"个人崇拜"的"凡是派"的荒谬不经，就具有不可辩驳的逻辑力量。

好杂文有情有"义"，还有"文"。"言而无文，行之不远。"这是当下大多数新闻时评之所以只可"一次性消费"而不能当杂文一读再读的重要原因之一。"杂而有文"并非说杂文不能直抒胸臆、一吐为快。须知"隐晦、曲折"并不是所谓"鲁迅风"的精髓，那是一种专制社会的生存技巧和叙述策略，是不自由国度里奴隶的语言，而不是主权在民社会里应有的公民风范。

杂文的"文"，可以是选题炼意上的典型化、形象化和超越具体人事的"非指称化"，比如胡适的《差不多先生传》；可以是谋篇布局上的讽喻性、暗示性，比如丰子恺的《口中剿匪记》；可以借用寓言、故事新编、小小说等各种文体形式，但说到底，"杂文味"在文采方面是靠"语感"表现出来的。不论是辛辣还是幽默,是冷峻还是热烈,是平实还是尖刻,能"出新意于法度之中,寄妙理于豪放之外"(苏轼《书吴道子画后》),都要靠语言来承载来营造。

　　杂文的语言也有"弹性"大小、"密度"高低和"质料"优劣,运用之妙,存乎一心。语言的艺术是天赋,更是追求的结果,先天后天融为一体,使杂文呈现出个性。修辞立其诚,兼有思想个性与语言个性,才是最上乘的杂文。

　　李　东:杂文的写作,应该说是很有难度的,因为"杂",所以要求写作者有海量的知识储备,内心不但要存储一座图书馆,还应有个人的思想理论体系。对此,您做过哪些努力?

　　鄢烈山:很遗憾,我的知识储备远远不够。出生在穷乡僻壤和贫寒农家,小时候除了课本几乎无书可读,课外也就是看讲古的花鼓戏、皮影戏,背了一下《百家姓》;十五岁到二十五岁学习能力最好的岁月献给了"文革"。二十七岁才上大学,此前满脑子装的是《毛选》四卷、样板戏和共军抗日、国共内战题材的小说。

　　很惭愧,虽然后来补读了不少书,连下棋、打扑克的消遣也戒了,但一没有专门研究领域,二没有理论体系。如果说有体系,那也是出于人的本性和现代社会的常识,建立了自由、平等、民主、人权、法治、公平竞争等现代价值体系,不管是叫"普世价值"还是叫"核心价值",对我都无所谓。

　　尽管如此,我从来没有放弃阅读和思考,总是在不断地更新自己的知识和思维。这是一种精神需要,也是一种文化享受。

自由写作者,都应该有独立人格

　　李　东:您曾主持的《南方周末》"时事纵横"和之后《中

国青年报》的"青年话题",被誉为"时评双璧"。请您讲讲在您主持该栏目期间的一些重要文章或事件。

鄢烈山:这个问题说来话长。这里只讲与我个人经历有关的。1996年1月起《南方周末》扩为十六个版,从文化娱乐报转型为新闻时事为主打的综合性周报。《时事纵横》放在第二版,就是学《纽约时报》,把"卖观点"的评论(社论和来论)作为拳头产品,但考虑到时机还不够成熟,就先办成了文摘加评点的样式,其中有《专家视角》(又曾名《学者论坛》)和我个人的专栏《阅报札记》(后改名《纵横谈》)是完全意义上的评论。我的专栏先后写了五年多,其1996年1月到1998年10月用的是本名"鄢烈山",之后用的是"刘友德""余卫国""张明来"等化名。我的这些文章没有一篇踩了政治红线要领导写检讨的,但中宣部新闻局阅评组的老同志凭政治嗅觉一直不喜欢我,先是1998年要求省宣的人把我调出南方周末报社,后来又觉得"刘友德"与"鄢烈山"气味一样,让南方报业集团老总停了"刘友德"的专栏。

吊诡的是,在《南方周末》用本名写个人专栏的三年,是我职业和写作生涯的顶峰;以当时《南方周末》报的影响力,许多知名作家知道了我,对我的文章和观念表示相当程度的认同。因此,我的杂文选集《一个人的经典》(长江文艺出版社2001年版),获得了中国作家协会主持评奖的"全国第三届(2001—2003)鲁迅文学奖(杂文项)",虽然我并不是中国作协会员,也根本不会为获奖去"公关"。可见作家评委们是认可我的,审批获奖名单的中宣部文艺局的领导也不讨厌我(要是中宣部新闻局领导审查获奖名单,估计我就没戏了)。

在主持该版期间,我写了一些文章,在当时的中国可能算是言人所不能言的,比如批畅销书《中国可以说不》的《粗制滥造的标本》,讲红色高棉的《别了,波尔布特大哥?》,批警匪勾结的《红与黑》,还有《"权力资本"》《"市长经济"》《道德

"悬棺"》等,在当时都算比较尖锐的。

另外,我在《时事纵横》版《学者论坛》专栏请王小波写文化评论,当时他远没有后来的名声;可惜我刚给他开了个人专栏《世说心语》,他却英年早逝了。在秦晖教授受打压被清华停课时,我请他来《时事纵横》版开专栏,专栏就叫《秦晖专栏》,这种命名方式在当时是没有先例的。

这是《南方周末》的好传统,领导只管编辑方针和总体设计,只对单篇进行政治把关,责任编辑有很大的自由裁量权。最终考评权在年度的读者投票。

李　东:在您主编的《白纸黑字》创刊号前言中,曾写到该书的奋斗目标是出版"留得下来的文字"。当时创办这样一本刊物的初衷是什么?从出版的几期反馈来看,您觉得达到预期效果了吗?

鄢烈山:我们创办《白纸黑字》丛书,正如其名称所暗示的,就是想为历史做见证。与《读库》的综合性不同,我们开的是"专卖店",只编个人纪实文字,不仅强调"非虚构",而且要是亲历亲闻(包括为别人做口述实录,包括访谈)。这有点像《老照片》,不过它们是以照片为线索和依托展开记叙,《白纸黑字》不一定有图为证。

所谓"留得下来的文字",一是要真实,经得起历史考证,二是文字有一定的可读性,有收藏价值,不是让人看了就想扔的文字垃圾。这当然只是一个理想目标。

到现在为止,这套丛书只出了三期,2011年创办出了一期,2012年出了两期。说不上畅销,因为刚开张,营销没跟上,但反响还是不错的,基本达到了预期效果。

第4期是十八大召开前夕编好的,比前三期都更谨慎,但先后经过了敦煌文艺、花城、新星、法律和九州五家出版社,审稿都没有通过。那也没办法,耐心等待时机吧。我们不能搞

"历史虚无主义",这也不能说,那也不能碰。事实上,在因特网时代,无法完全限制人们的表达。电子杂志会越来越多,不需要谁审稿。凯迪网搞了个《百姓家史》频道,投稿的人很踊跃,那就是"白纸黑字"嘛!

李　东:您早年主要写杂文,而后转向时评。您觉得两者之间有什么区别和联系?

鄢烈山:我想,杂文与时评的共同点:都有思辨性、批判性,都是识见第一。不同的是,时评的题材限于时事,杂文则广泛得多,天文地理历史现实无不可以拿来做文章;更重要的是,时评侧重逻辑思维与论证,更重理性;而杂文可以是形象思维,文学性可以很强,可以是情感宣泄,所谓"嬉笑怒骂皆成文章"。

李　东:时评和杂文有一个共同特点就是针砭时弊,从某种程度上讲,文章肯定会触及某些机构或个人的利益。对此,您是否有过退缩的念头?您觉得时评家应该具备怎样的素质?

鄢烈山:我写文章对事不对人,主要是表达观点;即便涉及有名有姓的事例,也是正规报道的材料,没有遇到谁要告我的。至于有谁讨厌我,那就随便。反正我不想当官,也不想发财,也没有什么把柄可以把我开除或抓起来。惭愧,我不是"行动派";写文章传播某种价值观,争取影响更多人的思维,就是我的"行动"。

时评家也好,杂文家也罢,凡是自由写作者,都应该有独立人格,坚守良知而不出卖灵魂,勤于观察和思考,勇于讲真话。

思想文化不可扼杀

李　东:您曾在天涯论坛发表了一篇《赤子韩寒》,对韩寒盛赞有加,而另一篇博文《郭敬明入中国作协:一场多边的不道德交易》。两篇文章可以看出您对"80后"两位代表人物截然不同的态度。请您以此为例,谈谈对当下青年人(特别是青年作家)的看法。

鄢烈山:这两篇文章都是在一定语境下写的,并不代表我对两人的全部评价,有侧重一点,就事论事的意思。事实上我对两人并无全面的了解,也不想把自己与两人荣辱捆绑在一起。前一篇强调率真;后一篇是对作协如此"拉人"的不屑。

当下的青年人,我了解有限。无论如何自然规律不可抗拒,他们终会成为中国的中坚,不管我们喜欢不喜欢。不论多么扭曲,我们"红卫兵"一代,现在的"小皇帝们",都各有不同的社会性弱点,但我相信人的本性不可改变,那就是要平等要自由,"人往高处走,水往低处流";在博弈中会产生规则,社会总要进步的。"世界潮流不可阻挡",在信息化时代绝不是一句安慰人的空话。

李 东:随着传媒方式的多元化,娱乐类、选秀类节目在各大卫视以层出不穷的花样争夺收视率,您如何看待这种现象?

鄢烈山:在当前的舆论管制条件下,出现这种状况很正常,趋利避害是人的本能,大家都要生存嘛。但是时代不同了,人们在网上看美剧、韩剧和日剧,思想文化的竞争是不可扼杀的。中国应该真有"自信",在思想文化领域也敢于对外开放,这是道义的自信或文化的自信。

李 东:有人断言"电子传媒终将替代传统纸质媒体"。作为多年资深报人,您认同这个观点吗?您觉得电子化时代,传统纸质媒体的出路在哪里?

鄢烈山:电子传媒必将替代传统纸质媒体,就像钢笔取代毛笔、电灯取代蜡烛,但是现在也有人写毛笔字,有人点蜡烛,搞点情调嘛。

现在虽说已进入电子化时代，但还是过渡时期，传统纸质媒体还有读者，一些中老年人不上网还要看纸质的东西。老毛老蒋那时已有钢笔，但他们习惯了用毛笔呀。纸质媒体，当然要考虑转型。其实很多企业行业都面临技术进步的挑战。要被社会淘汰就让它淘汰好了，虽然说起来冷酷那也是没有办法的，像办"红白喜事"。公共汽车不用人售票了，胶卷制造和冲洗行业完蛋了，又有什么可惜的？

李　东：微博作为一种新生事物，便捷、自由的特性使其迅速成为网民的好伙伴。我注意到您也是"微博达人"，那么您如何看待微博？

鄢烈山：我算不上"微博达人"。我开始得晚，2011年3月21日才注册两家，2013年初才在新浪微博玩。微博已经被微信取代了。央视的新闻联播，现在播完后，主播会说请大家关注央视的微博、微信（公众号）和新闻客户端。新技术层出无穷，这是大好事，人们有了更多的表达空间。贪官污吏最怕这个了：上传照片、音频和视频，"有图有真相"，想抵赖难，想一掌遮天更难。

写作是一种生活方式

李　东：多年前，您大学毕业后被分到政府部门工作，这在常人看来是多么好的工作机会，您却不以为然，四年后一头扎进媒体行业。事实证明您当年的选择是对的，但是当时为什么会做出这样大胆的决定？想过失败吗？

鄢烈山：在我的乡亲们看来，我一点不成功。到退休也没当上官，也没有亲戚沾上我的光安排工作。我若留在政府机关工作，80年代就肯定是处级官员了……人各有志，我自己觉得这辈子相对而言活得比较有尊严，不用"摧眉折腰事权贵，使我不得开心颜"。

我那个辞官决定算不上大胆，我早想好了退路：大不了到中学当老师，我是师范大学毕业的。

李　东：作为一种表明自己观点和立场的新闻文体，时评肯定常会遇到不同的声音甚至遭到质疑。当别人不认可您的观点时，您如何应对？

鄢烈山：有人不认可我的观点，我觉得很正常。或者汲取别人的思想，或者不理睬，或者反驳——感谢他为我提供了再写一篇的题材。除了某些辱及父母的人身攻击，骂我"汉奸"我也不会生气。对某些攻讦，就当他"神经病"好了，甘当阿Q，给人家做出气对象，也是积德。

李　东：写作对您意味着什么？您对青年写作者有什么建议或者忠告？

鄢烈山：写作对我来说，是一种谋生手段，也是参与社会事务的方式，甚至是一种生活方式。我没有"扬名立万"的追求。

转赠胡适的一段话，作为我给青年写作者的建议和忠告："堕落的方式很多，总结起来，约有这两大类：第一条是容易抛弃学生时代求知识的欲望；第二条是容易抛弃学生时代的理想的人生追求。"

访谈时间：2014年2月

高建群：被捆绑在小说柱子上的浪漫诗人

　　高建群，1954年生，祖籍西安市临潼区。新时期重要的西部小说家，国家一级作家，陕西省作协副主席。享受政府特殊津贴有突出贡献专家，国务院跨世纪"三五"人才。被誉为浪漫派文学"最后的骑士"。《最后一个匈奴》与陈忠实的《白鹿原》、贾平凹《废都》等陕西作家的作品引发了"陕军东征"现象，震动了中国文坛。

建立文化中国制高点

李　东：高老师您好！2013年您被聘为西安航空学院文学院院长，之后又成立了高建群文学艺术馆，这是学校重视文科教育的新举措，对您个人也有特殊的意义吧？您对繁荣高校文艺有什么新的打算？

高建群：长沙湘江边上有个岳麓书院，被称为"千年学府"，王阳明曾在这里讲学，而他受当时国学大师张载影响颇深。张载是陕西眉县横渠镇人，历史上把他叫"横渠张载"，他最有名的四句话是："为天地立心，为生民立命，为往圣继绝学，为万世开太平。"南方的文化人都很推崇张载，像曾国藩、李鸿章都认为南方文化人不像北方文化人，不像张载那样把天下为己任，有一种担当精神，做人做事做学问，有大格局。

西安航空学院虽然不大，但是他们高抬我，请我去当文学院院长，并且建了高建群文学艺术馆，所以我也诚惶诚恐，觉得人家这么重视我，去了以后，就想把它做成岳麓书院、关中书院那样，文化人的聚集之地。上次西安市挂职副市长、中国现代文学馆馆长吴义勤先生来文化馆看我，问我有啥打算，我说要把西安航空学院文学院，朝三个方向发展：第一是成为文化的亮点，第二是成为文人聚集的热点，第三是成为文化中国的一个制高点。

西安这个地方养人，更养文化人。我就在那里穿一双老布鞋、戴个二轱辘眼镜，一身布衣，把这个事情做下去。长安城深泽大潭，宜养千年老鳖，就在那里有年没月地活下去，看能不能做成气候。我给文学艺术馆的大门上写了一副对联："三间旧屋半亩园，落落乾坤大布衣。"横批是"人书俱老"，里边有书画间和写字、喝茶的地方。门口原来的草坪，现在种上了菜。今年5月2日，也就是唐僧去世1350周年纪念，我到兴教寺参加纪念活动，门口有老农卖菜苗，我就买了菜苗回来栽上，大家把那个地方叫"半亩园",我还写了一首歪诗:"城中我有半亩园,锄头举处可耕田。不为菜蔬不为果,只为乡愁只为看。"现在西红柿红了,辣椒茄子都熟了,看了也舒服,就觉得和大地在一起,和平民百姓在一起,就是在那里寻找一份精神归属。

我感觉我的心态就像一条河流,开始起步,经过跌宕,最后归为大海;也就是那种很包容的感觉,平躺在沙滩上,海天一色,慢慢走完自己的角色,直到谢幕。

李 东:您的生活阅历相当丰富,有过苦难的童年、当兵的经历,也有做文学编辑、区县挂职经历,现在又被聘为大学文学院院长。哪一段经历对您的影响最深刻?

高建群:我相信命运。每个人来到世界上的那一刻,他的额头上已经被打上宿命的印戳,他的很多东西早已有上苍安排。我的童年很苦难、很贫穷,人们把那叫困难时期,人不值钱,像狗一样一个个死去。当兵时在一个荒凉的边防哨所待了五年,然后也有文学上的努力,也挂过职,但我觉得最重要的还是童年的经历——童年对我的影响最大。

人们问高尔基文学最好的早期训练是什么,高尔基说是苦难的童年。高尔基第一次拜访托尔斯泰时,托尔斯泰打开门一看,一个风尘仆仆的青年流浪者前来拜访,身上还有一种海洋的味道,因为做过水手,那就是青年时候的高尔基,那时候他还不叫高尔基。托尔斯泰听了他的苦难之后,说:"孩子,在拥有了这些经历之后,你完全有理由成为一个坏人。"托尔斯泰双手举过头顶:"圣母啊,你是一只无底的杯子,承受着世人心酸的眼泪。"高尔基告别托尔斯泰后,正式改名"高尔基"(也就是"苦难"),并开始文学创作,写出了《童年》《在人间》《我的大学》三部曲。

李 东:之前在一个会议上,听您谈到您在西安高新区挂职后,要创作新的三部曲:《三千个传奇》《三千具尸体》《太阳从西部升起》。您的作品给大家的印象是,关注视角总是纵深的历史,要转向现代化和高科技,我们充满期待。现在"三部曲"进展如何了?

高建群:在西安市高新区挂职是在2005年4月27日到2007年11月27日,整整两年零七个月。当时去的时候,省委宣传部、省委组织部给我开了一个欢送会,在欢送会上我有个发言,题目叫《艺术家,请向伟大的生活本身求救吧》。这个发言新华社发了通稿,在全国发出。在发言中我坚持一个观点,一个有出息的作家,应该到生活中去,到正在发展的时代中去,看看主流社会、主流人群在做些什么事情、思考些什么事情,把这个时代记录下来,而不是躲在自己的象牙塔里顾影自怜、自怨自艾。当前我们的文学,尤其是长篇小说一再被边缘化,这个边缘化的原因,有社会的原因,更有作者自己的原因,我们远离了生活,所描写的那些东西老百姓已经不关心了,他们更关心当下最迫切的生存状态。

《三千个传奇》就是高新区三千个创业成功者的故事,成功者都有成功的必然原因;《三千具尸体》就是三千个失败者,怎么在时代的大潮中做弄潮儿的时候失败的,虽然失败了,但他们也是悲剧英雄;再到《太阳从西部升起》。原来想写这些,但实际上已经写成了,挂职结束的那个中午举行了欢送会,下午回来后我就带着一支笔、一个本子、一个袋子、一杯茶和手机就到公园开始写作。写了一年零十多天,写成了长篇《大平原》,上面的这些素材成了《大平原》的后半部分。《大平原》就是写了农耕文明在今天面临的窘境,写一个村庄、一个家族、一群人他们的故事、传奇、命运,写到村庄变成了高新区的一部分,写到这片古老土地从后稷挖第一锨土开始,历经五千年春种秋收,一直到当代在城市化、工业化进程中,不可避免地被取代,最后写村口的老槐树被连根挖起,然后它将在城市的某个街心公园里成为风景树。《大平原》大概就是写这个故事的。当然《大平原》后来获得了中宣部"五个一"工程奖,长篇小说类名列第一。电影和电视剧目前还在前期的运作中。

文学必须向新媒体就范

李　东:《统万城》出版后,有多家媒体报道称,这是您的"封笔之作"。对于您这样不断抛出大部头作品的作家来讲,写作应该早已成为生活重要的一部分。您不会就此"罢手",对吗?您个人对于艺术创作还有怎样的规划?

高建群:我在写完《大平原》以后,休息了一个礼拜,之后到汉中去了一趟,回来后有一天中午正吃饭的时候,旁边陪同的人说我脸发生了变化,叫中风还是叫面瘫,说我眼睛和嘴巴都成歪的了,很可怕的,后来住了二十多天医院才缓过来。出院后,我就说不敢写长篇了,每写一次就是和死神打一次交道。但是后来又遇到了《统万城》的题材,在我五十五岁生日的那天,受邀到草堂寺,草堂寺住持在那里给我讲鸠摩罗什的故事,给我念了四句偈语:"云远天高古道长,沙漠驼铃震四方。晶莹最是天山月,为尔遍照菩提光。"他希望我能写鸠摩罗什,他说鸠摩罗什等了一千六百多年,终于等来了能够写他的人,我就应允下来了。后来榆林那边又想让我把统万城写一写,这是个重要的题材,发生在魏晋南北朝五胡十六国时期,也是中华文明发展史重要的节点和拐点,一个是匈奴民族退出民族历史舞台,一个是汉传佛教在中国的确立。然后写这两个题材,又用了一年多时间,在榆林写了一部分,回到西安又写,把这个写完之后,确实身心疲惫,然后我热泪盈眶地说:我被文学这个莫名其妙的东西绑架了四十年了,我应该就此向长篇小说这个体裁告别了。

书出来以后在北京开新闻发布会，就有记者问我："高老师，您能写这么好的小说，难道您忍心不再写吗？读者会答应吗？"我就觉得我那话说得太早，于是就这么回答道："演员在谢幕以后，如果观众的掌声热烈，会将他重新召唤回舞台。"

《统万城》出版后这两年多，我也出版了一些书，文学的、绘画的。现在我正在写一部书，将近三十年前写过个中篇《遥远的白房子》，央视不舍不弃想要拍成电视剧，春节前把剧本已经写完了，我把剧本过了一遍。现在有我的中篇小说，有央视的三十集剧本，我打算用一两年时间把这个写成一个长篇，这就是我最近的计划吧。

李　东：《最后一个匈奴》曾被改编成电视剧《盘龙卧虎高山顶》在央视播出，而新作《统万城》和成名作之一的《遥远的白房子》等也将被搬上银幕，这再一次印证了您作品的艺术价值。筹拍工作进展怎样？您又是如何看待文学与影视"联姻"的？

高建群：《最后一个匈奴》当时是央视派了电视剧频道制片人李功达找到我，他说："如果不把高老师的《最后一个匈奴》这部中国文学的红色经典拍成一部电视剧，那将是中国电视剧人的羞愧和我们中央电视台的失职。"这话彻底把我打动了，我就授权说那就拍吧。后来拍出来还可以，但是他们说不如作品那么厚重。当然影视作品创作就是慌慌张张，四五个月拍出，完了再几个月剪辑、播出，有些粗糙，基本上还是能接受。我和他们也谈过，男一号潘粤明、女一号刘涛、女二号秦海璐、女三号李欣汝，他们钻到陕北山沟里面像鬼一样，见了人都不认识，他们的表演让我很感动。刘涛说她以前拍过很多影视作品，直到《盘龙卧虎高山顶》才回到人间，双脚踩在坚实的大地上。这个片子原来一直叫《最后一个匈奴》，在播出前广电总局打来电话，问还有没有其他名字，我就随口说那就叫《盘龙卧虎高山顶》。名字改变对收视率也有一定影响，但电视剧基本上让各方都满意，收视率还不错，投资方也回报颇丰，我也心安。

《统万城》的电影去年热了一阵子，也初步定下来，由香港张之亮担任导演，他拿出一个庞大的计划，可能要投资两个多亿，这也不是个小数目，投资方下不了决心，我也不愿给投资方施加压力，这已经进入商业运作模式，不能因为朋友的关系受影响。《统万城》的电视剧也在筹备，就是《遥远的白房子》的编剧老韩（韩庆敏）在做，电视剧可能比电影出来早一些，据说这个投资六千万就够了。

对于《大平原》，央视的思路还是《盘龙卧虎高山顶》的那帮人来做，后来他们找了个编剧拿出个大纲，我看了不太满意，因为那个编剧不了解关中农村，事情也就搁置了。

《遥远的白房子》的剧本，央视年前已经给我，根据新疆维吾尔自治区党委宣传部的意见，我将剧本做了修改，编剧也做了修改，送审到广电总局也通过了。原来计划6月开拍，男一号是王力宏饰演马镰刀，女一号是刘亦菲饰演耶利亚，可能是演员现在到新疆有些担心吧，有些畏难情绪。新疆方面希望拍成继《冰山上的来客》之后的又一部西部经典之作，他们是这样计划的，可能已经行动了。在新疆霍城，就是1881年《中俄伊犁条约》签订的地方，霍城有个老街，在那里修个影视城，修好后会有部队警戒、演员进入，到时以那里为基地拍摄。可能到时我会去参加开机仪式，但是我不会干扰他们的工作，因为影视和小说还是两种文学形式。

对于文学与影视"联姻"，我们不得不无可奈何地承认，随着新兴媒体的出现，纸质印刷品日益边缘化，必须面对这个严酷现实。前不久，在省上组织的一个作家影视联姻会上，我曾说道："面对影视网络等新兴传媒，文学必须低下高贵的头，向它们就范。"

李　东：在您几部重要作品中，插图都是您自己的书画，许多文字内容通过书画形象展示给读者。据我所知,您的书画作品也受到广泛赞誉并被收藏。您什么时间开始学习书画的?同样是艺术的表现形式,您如何理解书画创作和文学写作之间的关系?

高建群:任何艺术都是相通的,小说艺术和书画艺术十分相像,应该怎么做,高度在哪里,用雨果的话说,就是"把艺术的某一个特征发展到极端,然后在极端的峰顶重造和谐"。

我参加过"文革",当年刻毛主席像、写大字报,如果要追溯的话,那个时候就是我绘画的开始了,但真正对书画的认识还是在创作《最后一个匈奴》的时候。当时在漫长的创作过程中,案头就是两本参考书,一本是《印象派的绘画技法》,莫奈、德加、雷诺阿、塞尚、凡·高……是他们指导我,把生活变成艺术的,另一本就是拜伦的《唐璜》。哦,伟大的拜伦。后来我也开始尝试给自己的书插一些画,尤其在省文联上班后,认识了很多书画家,也是向他们学习,很多书都是我插图,我的书画也有一定市场。但是对于书画艺术,我始终定位于自己就是个"票友",写小说才是我的本职工作。

写文章时要目空天下

李 东:我在《最后一个匈奴》的创作谈中读到您创作的艰辛,但让我疑惑的是,在创作中您的两本指导书是《印象派的绘画技法》和长诗《唐璜》,为什么不是小说的大纲或者其他什么书籍呢?

高建群:你们不要听小说家、评论家告诉你小说应该怎么写,小说艺术具有无限可能性。你怎么写,都会写成好小说;不像某些人所说的,小说应该这么写应该那么写,那些都是一些技术性的东西。小说,谁都有可能教会你写。云南民歌唱到的"父母没有教会我们谈恋爱,是路边成双成对的蚂蚁教会我们的"。的确如此,大自然的各种法则各种规则,都会教你怎么写好小说。你只要想把肚子里的有些东西向读者倾诉,就把笔拿起来,真诚地倾诉给读者,读者说太好了,那就是小说。孙犁先生说过:"人一拿架子,就先失败了一半。"有些人说,我要开始写小说了,就是这个道理。好小说怎么写出的,就是外面淅淅沥沥地下着雨,你各种感受,各种陈年旧事如果不把它倒出来,就像猫在挠你的心一样,像背着一个沉重的十字架行走一样,要把这个沉重的十字架卸下来,就轻松了,把重负交给读者了。这就是小说。

我刚才谈到印象派的绘画技法,谈到拜伦的《唐璜》。拜伦是个伟大的诗人,他对欧美文学的影响,也许只有莎士比亚能够与之比肩。整个18世纪的欧洲,因为拜伦而发了狂。我举个例子,俄罗斯在普希金之前,没有文学,只有小小的戏剧和寓言,普希金开始了俄罗斯文学,所以普希金被称为"一切开端的开端"。普希金的文学从哪里来的,就是学习拜伦的,他学习《唐璜》写出了《叶甫盖尼·奥涅金》。拜伦是很伟大的诗人,他为英国贵族社会所不容,于是在一个早晨,坐上一辆华丽马车,左手搂一个黑人美女,右手搂一个白人美女,拐杖一扬,说:"要么是我不够好,不配住在这个国家;要么是这个国家不够好,不配我来居住。"说完,马鞭子一扬,在欧罗巴大地游荡,写出了不朽之作《唐璜》。

李 东:在对您作品的相关评论文章里,我注意到一个关键词:史诗。作品被推崇到史诗的高度,这不是普通小说家能达到的。我们也知道您早年写诗,后来为什么转向小说了?您的小说作品里,时常流淌着诗意的语言,可不可以理解为这是您诗人气质的体现?

高建群:我在很多场合说过,"陕军东征"的几部作品的出现,有各种原因,其中一个重要的原因是,大概在1985年的秋天,路遥主持过一次重要的创作会议,后来路遥把它叫作长篇小说促进会。那个会的主题,就是"文学的最后的较量,是长篇小说的较量",从而号召大家都来写长篇。这个会议一完,路遥就率先钻到陕北写他的《平凡的世界》,我写《最后一个匈奴》。先是《平凡的世界》出来了,接着《最后一个匈奴》,接着《八里情仇》出来,接着《白鹿原》《废都》《热爱命运》出来,所以跟这个会有很大的关系。

  我感激诗歌,我的语言在小说家里面是独树一帜的,不敢说最好的,也是最好的之一。他们认为浪漫主义文学当代有两个代表:一个是张承志,一个就是我。这个跟我写诗歌有关系,诗歌对于语言的锻造,诗歌中提炼出来的那一种意境,在我的小说里面随处可见,我是用诗在写小说。苏联作家帕乌斯托夫斯基说过:"我是一个被捆绑在小说柱子上的浪漫诗人。"实际上我也是的,尤其是我的《统万城》,有专家指出它是新五四以来,白话文创作中真正意义上的史诗作品。它完全按照希腊史诗的格式,它的人物出排,它的历史故事结构来写的,它的语言包括崇高感,都是史诗性的东西。我不喜欢寻常的东西,我喜欢天马行空式的,像一个中世纪的行吟诗人,这也许是我的气质吧,当然与我的阅历也有关。我在陕北长期生活、我在新疆草原生活,当我骑着马,在西域大地上,沿着额尔齐斯河,一路向西伯利亚走的时候,看着路两边的坟墓,我热泪盈眶,不管坟墓是哪个民族的,我都脱帽致礼,当作我祖先的坟墓,在那一刻我变成了一个世界主义者。

  李 东:熟悉您的人都知道,生活中的您是非常谦逊和低调的,但对于写作就显得不那么"低调"了,有文章曾说,《最后一个匈奴》写完后您说中国文坛要发生大事了;您在接受媒体采访时也说,"《统万城》是应该冲击诺贝尔文学奖的",足以显示出您强大的自信,但这似乎和您的性格不相符,您是如何理解的?

高建群:陕西的前辈作家柳青说过,"搞文学只有别人动你的份,没有你动别人的份。"这就像农民担着鸡蛋进城一样,不敢碰任何人,你一旦碰了别人,鸡蛋打碎了你的家当就全没了。也是因为如此,我把别人都看得很高,我的工作室名字就叫"高看一眼工作室"。实际上就是让这个社会放过我,忽视我的存在,让我安心创作,看能不能写出一些有价值的、较为长久的东西。如果你整天盛气凌人、咄咄逼人地挑起事端,那就没有时间写作了。从我个人的秉性来说,尤其是到了六十岁以后,我追求一种更大的包容,我觉得人应该自我完善,更大地去包容世界,这是从做人的角度来说。从写文章来说,我是目空天下的,我敢说我写的长篇小说,应该是新时期以来,最好的长篇小说之一。比如《最后一个匈奴》《大平原》《统万城》,包括之前的《六六镇》,尽管它没有得到应有的重视,但这不是我的错。我在一本书的后记里曾经写道,假如二百年后,当人们在尘封的书架上翻起我的书,比如《统万城》,他就会感叹,那个时代还是有那么几个思想深刻的作家的,千万不敢小觑那个时代!

之前我在太白山和常宁宫讲课时对年轻的作家说过,不要还没写就觉得自己不行,觉得只是来学习的,那不行。你们年轻作家应该有什么样的态度呢?就是要有大格局意识,一张稿纸铺开,在我之前的文学史是一片空白,一切从零开始,从现在开始,从我开始,这样来写作,看自己能不能写出一点有价值的东西。取乎其上,得乎其中。文学上必须这样,文学上如果是谦谦君子,你就不可能有大成就。

文学的崇高感已经丧失殆尽

李 尔:您曾写过一篇题为《对中国文坛深深的失望——

写给世纪告别》的文章，里面谈道："全盛的文学时代，须由三拨人构成，即一流的作家、一流的批评家和一流的读者，现在这三拨人都不怎么样。"十多年过去了，您的看法有改变吗？

高建群：没有任何改变，而且比起十多年前，文学更加走向堕落。文学被权贵绑架，被金钱绑架，被世俗文化绑架。文学的崇高感已经丧失殆尽了。

美国小说家海明威，当别人问他当时美国文坛谁是大师时，海明威长叹一口气，说，伟人们都已死去，我现在是和某某生活在一起。现在我们觉得文学还不错，关起门来自我陶醉，评个什么文学奖，但是文学的那种庄严感，那种恢宏气度，那种古典精神，已经离我们越来越远了。我们不说和欧美文学比、和非洲比，就是和日本、印度、韩国这些我们近邻的国家比，也是输。我们的文学已经沦落到连中国足球都不如的境地了。

李　东：当时文章中您写到"我们没有好的评论家"。您如何看待文学批评？

高建群：一个好的批评家应该是一个火炬手，他能随时引导文学的走向，当文学偏离人生的主旨以后，他马上来矫正，向作家提出警告。典型的例子就是别林斯基，当果戈理写出《死魂灵》的第一部时，别林斯基在他的《现代人》杂志上宣告：俄罗斯一位天才作家诞生了，让我们做好接受他的思想准备。然后俄罗斯文学的第一个长篇小说巨匠果戈理诞生了。当许多年后，果戈理写出《死魂灵》第二部的时候，别林斯基进行了严厉的批评，他说我们的天才小说家，已经沦落为沙皇的一个帮凶、一个现行制度的帮凶，站在了人民的对立面，他已经不是艺术家，而是成为艺术的敌人了。果戈理听到这话，哭了，他把他的《死魂灵》第二部付之一炬。

当然这一切都会改变。时代要发展，文学要发展，文学批评也必然会发生改变。

李　东：对于陕西文学的评论，众说纷纭。作为资深的省作协副主席，您如何评价当前陕西文学现状？又有什么建议或者期许？

高建群：我怀着满腔的期望，希望文坛新势力的崛起。我记得我在七八年前的那一次省作代会上，记者采访的时候，我就给他们在笔记本上写了这么一段话：我们这一代人行将老去，这场宴席，将接待下一批食客。我现在还是这个观点，希望年轻的一代能够成长起来。

我记得在太白山那个读书班上，当时在座的有很多有名的作家，年轻的作家四十多岁五十多岁，也很有成就的。但是我在会上不客气地说，比如：有人采访问我，陕西作家在你们之后现在谁还有希望，我没有提到你们，你们有怨言。很多人我都话到嘴边了，我不敢提，为什么呢，我觉得你们身上还缺少点什么东西。缺少啥？后来我也在想，就是缺少一种大格局，一种文学的大格局，人生的大格局。如果有那一点，你们很快会就从卡的那个地方出来了。你们现在都是写个小说，写得还可以，可读性还不错，销量也不错，在社会上也有一定的影响，这样你就成功了？了不起了？不是的。大艺术家，他就像是狗熊从森林中一路踩过去，他就是不管哪个大树碰倒了，灌木碰倒了，他无所畏惧，他就一路走过去，像一个行吟诗人一路走过。你们缺少这种大气度。

咱们这些年轻作家的优点是，能够吃苦，特别能吃苦。有的人，就像那个寇挥，为了写作生活上省吃俭用，我听了很感动。在寇挥这样的作家面前，我说那些招摇撞骗的，招摇过市的那些人，他们应该脸红。寇挥这样的作家还不少，像高鸿这些都不错，包括杜文娟也在努力写作，一会儿跑到西藏，一会儿跑到高新区，这都是不错的。就说是，一定要像一个文化人那样活着，不要咱有点成绩了，给你一个小官员让你做着，你把你真的当作官了，不是这么回事。总体来说，陕西作家还是很好的。陕西作家一个是能吃苦,再一个是有扎实的生活积累。我记得就是1991年5月23日,中国作协1991年的年会是在延安召开的,当时中国作协的党组书记、山西作家马烽在会上说,我对山西的作家说过,你们要注意黄河这边的陕西作家,陕西作家比你们的生活底子更厚,更能够坐下来,所以大作品有可能在陕西出现,紧接着《最后一个匈奴》就出现了,接着《白鹿原》《废都》《八里情仇》《热爱命运》都出现了。所以一定要有生活积累,这一点是陕西作家最可贵的东西,陕西的作家是很厚重的,很憨厚的,就是像牛一样耕耘。

柳青生前说过一句重要的话:有一天,写不出东西了,收起你的笔,做一个与世无害的好人,也算是对社会的一种贡献。柳青的这话,总是叫我时时警策,叫我永远夹着尾巴做人。

这两年我参加陕西省作协的活动多一些,主要原因是常常想到那些前辈作家对我的提携。柳青、胡采、王汶石、杜鹏程、李若冰、王丕祥等等。我常常想,前辈作家当年是怎么对待我的,我现在要以他们为榜样,对待后起的作家朋友。

我的文字有我的血在流淌

李　东:在"键盘写作"成为写作趋势的当下,"手稿写作"显得难能可贵。您还是一直坚持手稿写作吗?您对网络文学如何看待?

高建群:我有几次机会可以跟着老婆和儿子学习,可是当时忙于写作,就没有跟上学,这对我来说是一个极大的损失,就是世界的另一半对我是漆黑的,我现在体会到这点。后来在儿子帮助下,他买了手写板,我用手来写,虽然慢一点,写长的不行,但可以用手写板来写短一点的。我可以发短信,我还有微博,我早上就连发了两个微博,我说:"古人说,日出而作,日入而息。凿井而饮，耕田而食。帝力于我何有哉。"这意思就是说早晨我扛起锄头，扛起镢头上山劳动，晚上我回到家里，脱裤子睡觉，帝王的力量虽然强大，对我来说又有什么作用呢？你忙你的，我忙我的，咱们各干各的事情。这一发，大家都说好，就是有这种感觉。

我的思维还是很活跃的，我的这种雄厚力量，这种知识积累，这种阅历，如果让我在网络上发起威来，那是一件很可怕的事情。现在我还是手稿写作，就是写长篇，就是坐在那里，喝着茶，抽着烟，拿着笔就像在那里给人类写遗嘱那种感觉，那字写出来是我的字，不是《新华字典》里的字，也不是时间上的字，也不是键盘上的字，我的字，每一个都有我的血在流淌。可能写短一点的东西我在网上，拿一个手写板。最好的是他们谁写的，我拿手写板在网上给他们改动。

最近咱们陕西做了一个《大美陕西》的专题片，我让他们传过来，在家里拿着手写板给改了一遍，那个出来反响是相当好的。

李　东："键盘写作"的趋势化，让作家手稿显得尤为珍贵。近年来，网上不断爆出有人拍卖名家手稿的事情，引起轩然大波。您如何看待这种现象？您的手稿是如何保存和处理的？

高建群：我的手稿基本都还在我的家里。那一年，台湾来了一个拍卖商，想把"文学东征"几本书的手稿都收走，他来找我，价位给得很高，想一百五十万元收走，我当时也没有给。后来现代文学馆，来了三次要我的手稿，我都没有给，我说我的写作是个人行为。后来他们要我的《大平原》的手稿，我说如果这个能获个什么奖的话，获奖结束后，颁完奖，我把我的手稿，还有我的四十幅《大平原》的插图举行个仪式，一块儿送给他们。后来也没有获什么奖，他们也没能拿走，现在还在我的文学馆展着。所以我的手稿基本上都在，我也不赞成拿去拍卖，如果你写小说想着手稿以后拿来拍卖，那样你的小说肯定是写不好的，而且别人会嘲笑你：你是没有吃的还是没有喝的？手稿对我来说就像老婆孩子一样珍贵，我不可能把自己老婆孩子拿到拍卖市场，头上插个草标去拍卖，那是不可想象的事情。至于人死了以后，人们为了纪念你，办个什么慈善活动，把你手稿拿去拍卖，那是另外一回事。

李　东：您如何看待当前文学评奖，又如何看待自己的作品获奖？

高建群：在这个问题上我没有发言权，因为我很少获奖。好像有些人成了获奖专业户，只要有个奖，他就能获；我的话，很多奖我都不知道。我也不热衷评奖，而且我有一种担心，对评奖这件事本身的担心，每一次的评奖，都可能是对文学的一次深度伤害。评出来一些似是而非的东西，然后说这就是当下中国文学的高度，这是值得怀疑的，真正的好作品被挤到圈外，又是一种伤害。

我和一个老作家谈过，他谈了一句重要的话，他在台上的时候不敢说，退下来后才给我说：新时期以来，中国文学每况愈下，其中一个最主要的原因，就是评奖引起的。大家都是为评奖去的，然后就有成篇的作品，为时局服务的作品，这样的作品占了上风，大作品出不来。不光是文学评奖，还有其他艺术门类的，比如电影、戏剧等等各个方面。

谁哄文学，文学也哄他，完了到最后，要不了十年八年，这个时代就把他遗忘了，他成为了笑柄。

访谈时间：2014 年 8 月

白烨：有喜又有忧，且行且辨析
——就当下文学现状诸问题答《延河》专访

白烨，笔名文波、晓白，陕西黄陵人。著名文学评论家。毕业于陕西师大中文系。先后供职于陕西师范大学、中国社会科学出版社、中国社会科学院文学研究所。曾任中国社会科学出版社文学室副主任、主任、总编辑助理，现为中国社会科学院文学研究所研究员，《中国文学年鉴》副主编，中国社会科学院研究生院教授。兼任中国当代文学研究会常务副会长、中国文学理论学会理事。

当下文学"三分天下"

李　东：白老师您好！作为中国当代文学研究会会长，您参与研究并见证了中国文学近些年的发展变化，请您谈谈当前文学环境以及文学发展的总体趋势。

白　烨：中国当代文学进入新世纪以来，确实是在不断地发生着变化，而这种变化又以亦喜亦忧的方式呈现着：各种写法多了，佳作力构少了；作品种数与印数增了，艺术质量与分量却减了；小说改编影视的多了，经得起阅读的却少了；期刊的时尚味浓了，文学味却淡了；作家比过去多了，影响却比过去小了；获奖的作者多了，能留下来作品却少了。如此等等，不一而足。

文学与文坛看得见的变化，是作者队伍扩大了又庞杂了，作品数量激增又芜杂了，活动领域扩展了又混杂了，运作手段丰富了又杂沓了。而文学与文坛更深层次的变化，则是文学写作与爱好者带了不同的观念进入文学写作，文学生产与传播者带了不同的动因介入文学制作，而商业机制带来的出版的市场化，信息科技带来的网络的自由性，正给他们提供了条件与管道，并与他们在某些方面形成了文学共同体、文化共同体，甚至利益共同体，使得文学从创作到生产，从营销到阅读，在文学的组织机制、生产机制与传播机制等方面，都发生了深刻的变异，因为这一部分生产力量的强力进入与不断磨合，过去的传统文学机制与体制，不说已经变得面目全非，也是变得面目模糊不清，与过去的一统性、计划性完全不同，明显地具有了多元性与混合性。

关于当下文学与文坛的深层变化与结构性的异动，我曾用"三分天下"的说法加以描述，那就是以文学期刊为阵地的传统型文学，以市场营销为依托的大众化文学，以网络科技为平台的新媒体文学。如果要再做简要概括，那就是过去的文学主要是跟随主流体制运行，现在的文学则是追随市场运势游走，追逐着网媒的导向漂流。而且，过去的文坛是大致一统的，现在的文坛则越来越走向了分化。不同的作者，不同的创作，不同的生产，不同的传播，都汇聚一起，参与进来。这使当下的文学，在整体上形成了持续活跃与异常繁荣的景象，但事实上又存有"繁而不荣，多而不精"的深深隐忧。

李　东：有一些作家谈到，当前文学一种很糟糕的现象，就是作品发表与否一个样，惊不起半点波澜。作为文学评论家，您如何看待这种现象？除了文学环境和作品自身因素，文学评论是否也存在缺失？

白　烨：目前的文坛，从大的格局看，是"三分天下"；从内部去细看，可能更为分化和更加纷纭。因此，过去的大一统格局的文坛，事实上已经变成了各有圈子的文摊。因此，不同的作家和作品，都是在一定的圈子里进行发生作用，在一定的范围里产生影响。因此，多数作家作品，都是在一定的圈子与范围里为一定的人们所知，具有跨越圈子和超越范围的广泛影响的，只是极少数量的文学名家。

因为整体的文学、文化环境的变异，还因为文学市场与普通受众的认人不认书，认名人不认新人，即便在严肃文学的圈子里，新人的出头露面也比较困难，这是不争的事实。这里的问题及原因，是综合性的，但与文学评论对于新人新作的热情无多，关注不够，也有一定的关系。总体来看，文学评论追逐名家的较多，发掘和扶持新人的明显不够，在这里流行的是"锦上添花"，缺少的是"雪中送炭"。在这种现象的背后，还有别的一些问题，比如，评论家队伍相对老化，跟新人辈出的创作队伍不成正比；年长的评论家们，评论起与自己同代的作家比较得心应手，评论起后起的文学新人心里没底。由此可以看出，文学评论队伍的建设，文学评论新人的成长，是评论本身自我建设的当务之急,也是整体文坛的迫切问题。

李　东:一般来说,溢美之词很让人受用,而批评言论则会得罪人。谁都不愿意出力气去树立敌人,这应该是妨碍文学评论公正、客观的一个无法避免的隐性障碍。如何才能保证文学评论的客观性和严肃性?

白　烨:批评是评论的另一说法,不一定文学评论都是批评言论。这要看具体的作者与作品,以及内涵的问题与倾向。评论与创作,都是面对生活与文学的思考与写作,都是当下文学生活的基本建设,我觉得一味地"溢美",抑或单纯地"树敌",都是一些不应有的偏颇走向。

文学评论的客观性与严肃性,取决于文学评论者的批评态度与综合修养。在这里,忠于自己的审美感受,立足于自己的审美判断,如实表达自己的看法与观点,是一个最为基本的要求。实事求是地做到了这些,客观性与严肃性,自然就有了。

我一直觉得我们在文学批评的建设上,缺少一个必要的环节,那就是有关文学批评的批评,缺少这样一个方面,就使得文学批评自身缺少一种检省,缺少一种制衡。这是我们的文学评论在整体建设上需要着力解决的。

社会文化生活失衡

李　东:在"快餐文化"盛行的当前,文艺理论和学术批评如何作用于阅读和创作,才能使得文学作品贴近现实、紧跟时代,促使文学阅读良性发展?

白　烨:因为文坛已经"三分",这里的问题需要分开来说。我们传统型的文艺理论和文学批评,对应的是传统型的文学创作和文学阅读。在这一个板块,批评与创作是大致适应的,基本和谐的。可以说从新时期以来，文学在不同时期的波澜壮阔的演进，都是有赖于创作和评论的两翼并飞和双轮驱动。

但在一些新兴的文学板块，比如大众化文学，新媒体文学，相关的理论研究与文学批评，不仅不相适应，而且明显滞后，甚至缺席。

我觉得就整体文学而言，现在更为需要的，是面对受众的年轻化，趣味的娱乐化，以及文学阅读在趋于多样化中的快餐化、碎片化。我们特别需要在文学批评与文学研究中，对于当代经典文学作品进行再解读、再阐发，对于当代经典作家作品谱系进行必要的构建与维护。现代时期的"鲁（迅）、郭（沫若）、茅（盾）、巴（金）、老（舍）、曹（禺）"，当代时期的孙犁、赵树理、柳青、周立波、马烽、李準等，都是在积极有力地直面现实中反映人生和审视人性的文学大师，其作品对于人们认识现实和揣摩人性有着经典性意义，对于我们的当代文学创作也有着重要的示范性意义。应该通过"重说经典"和"重温经典"，让他们进入当下的文学阅读，并影响当代的文学创作，而不是被那些流行的和肤浅的作品所淹没、所遮蔽，乃至被人们所忽视，被社会所遗忘。

李　东： 随着新媒体的迅速发展，碎片化阅读正在不断取代传统阅读方式，这种浅层次的阅读趋向对文学是否也是一种伤害？

白　烨： 文学阅读趋向于浅俗化，是这些年由各种因素逐渐积聚起来的一个结果。过去我们在对文学与艺术的认知与理解中，更多地强调文学的教育、认识与审美功用，而对文学还应有的休闲、宣泄与娱乐的功用认识不足，甚至有所忽略。但这些年似乎又从一个极端走向了另一个极端，那就是把轻松化、娱乐化日渐抬到了至高无上的地步，不仅矫枉过正，而且过犹不及。各类电视节目都极力追求同质化的娱乐化与游戏性，报纸与网络传媒因为追求"娱乐至上",演艺明星们的各种八卦消息与绯闻、丑闻,都会成为充斥版面与占居首页的新闻与要闻。而正在成长的青少年读者,因为感性大于理性,好奇又失之辨识,不仅习惯于视屏阅读、图像阅读,而且追求轻松阅读、快餐阅读,对于青春成长和人生成熟更有价值和意义的纸质阅读、深度阅读,反倒被当作过了时的老朽传统,被他们忽而略之,甚至弃之不顾了。这种阅读取向,这种受众构成,再反馈过来影响文学生产之后,会使传统文化与经典文学的生存更为萎缩,发展更为艰难。

年轻人不喜欢经典,表面上看是年轻人的问题,他们的口味换了,兴致变了,不再喜欢经典了,但这其实是社会的问题、时代的问题。现在的社会文化生活中,因为务实性成为时尚,娱乐化成为流行,这种阅读几乎成为了潮流,它极大地影响了青少年读者的阅读取向。反映在他们阅读中的种种问题,实际上是社会文化生活失衡的一个表征。因此,反映在阅读中的问题,也是社会性的、综合性的。

李 东:和您交流,无法避免地会想到当年您和韩寒之间的论争。在以"粉丝"多少衡量"战斗力"的网络世界,您无疑是不占优势的。在经历了这次事件之后,您对网络是否有了新的看法?您觉得网络对文学的影响有多大?

白 烨:你说的这些并不是一回事,不能混在一起来说。我跟韩寒的网上抵牾,是发生于网络传媒的一场遭遇战。跟所有的网上论战一样,这场论战最后都走向了口水战,没有任何学理性的意义。这里凸显出来的,可能正是网络传媒的短处所在。而网络对于文学的意义,根本不在这里。网络带给文学的,看起来只是依赖于网络平台的网络小说、博客写作,以及那些以网络文学为主业的众多的文学网站,实际上,网络带给文学的,还有新型的文学关系,新颖的文学观念,而它们在给整体文学添加新元素、增加新活力的同时，也带来了新的冲击，构成了新的挑战。如果我们对此做一简要的梳理，就不难看出，网络带给文学的，几乎是一场掀天揭地的巨大变革，或者说是带有革命性因素的深层剧变。

帮扶年轻作家，从自发到自觉

李　东：您对年轻作家的扶持力度相当大，像曾策划的《布老虎丛书》推出了《上海宝贝》等知名作品，近年主编的《星座角都市言情系列》等图书产生了广泛影响。在之前的讲座中，您也提到推荐优秀"80后"作家加入作协机构等一些帮扶细节。请您结合一些典型的事例谈谈您不遗余力举荐新人的感受。

白　烨：对于年轻作家的帮助与扶持，在我也有一个从自发到自觉的过程。开始的想法只是想在"80后"与主流文坛之间做一些沟通性的工作，说大一些是起一点"桥梁"性的作用，让主流文坛多了解一些"80后"的状况，也让"80后"多接近主流文坛，避免误将"市场"当"文坛"。但在事情越来越多，介入越来越深后，我不时地会有一种疲惫感和厌倦感。但一想到自己在80年代初期初涉文坛时，手拿稚嫩的评论习作，怀揣美好的文学理想，去求见一些报刊的编辑、评论界的前辈，总希望人家能多予提携，细加指点，甚至多看自己一眼；每次都是诚惶诚恐，忐忑不安。所以，我至今都十分感念那些在我起步和成长之初，给过我许多帮助的编辑家和评论家们。一想到这些，我就会有一种恻隐之心和类乎责任感的东西油然而生，我觉得他们就好像是当年的我，我差不多可以当作当年的我和如今的他们想要求助的那一类人。于是，不管多麻烦，多紧张，凡跟"80后"青年作者有关的事情，我差不多都是毫不推辞，尽力去做。我想我无非累一点忙一点，但对一个无助的青年作者来说,也许我的举手之劳,能帮他们一个很大的忙。

经过多年来的工作,我觉得扶持以"80后"为主的青年作家的工作,十分重要,也十分迫切。这样的一个看法与态度,是基于这样一些认识:

第一,"80后"是一个既在成长,又在分化的文学群体。韩寒也罢,郭敬明也罢,都不能看作是"80后"群体的完全代表,他们只能代表其中的部分人和某一倾向。作为注重"自我",张扬个性的一代,"80后"其实是由丰繁个体构成的多样群体,这一群体与我们这一代有诸多的不同与差别,而正因存在着不同,才需要走近,正因为存在差异,才需要对话,并在这种走近与对话中,彼此了解和相互改变。

第二,"80后"们所置身的社会环境与文化氛围,日趋纷繁复杂甚至暧昧难辨,而他们所具有的经验与能力,在应对这种复杂与暧昧时,常常显得简单和稚嫩,这使他们的成长,不仅不很顺遂,反而更添困惑,更具难度。作为他们的长辈,我们有责任以我们的方式和能力,去帮助他们,以使他们减少迷茫,添加清醒,增强自信。

第三,从文学的代际更替来看,我们的文学、文化队伍,必然要由"80后"中的从业者接续上来,从后备军成长为主力军。事实上,他们中有一些作者怀抱着高远的文学理想,在以自己的方式默默耕耘,艰难跋涉;还有一些作者虽倾心于网络文学与类型小说的经营,但却在写作的过程中,表现出靠近传统文学的倾向。这些作者,都需要以评论的方式给予关注,施予助力,以促进他们尽快地成长与进步。

第四,"80后"群体虽然日益得到人们的关注,但从文学领域来看,因为他们更多地依赖于网络平台,存身于图书市场,仍与主流文学或传统文坛有所分离,甚至不在主流文学批评的视野之内。"80后"与传统型文坛之间,需要有评介与批评的"中介"与"中转",起到沟通联系,传布信息的作用,以使"80

后"了解和走近传统文坛，传统文坛认识和吸纳"80后"。

李 东：从多年对青年作家的研究来看，您认为青年作家在成长过程中会面临哪些问题？又如何克服？

白 烨：我觉得从总体的情况来看，是两个大的问题。一个是文学、文化环境跟过去相比，格外的纷繁与缭乱，影响文学青年的因素与诱惑他们的力量更为多样和复杂，怎样在这样纷乱的状态下保持自我，坚守理想，绝对是个难题。另外，青年作家自己在文学理想的设定与文学目标的追求上，既不怎么单纯，也不怎么专一，这也使他们容易游移不定，会面临更多的歧途，遭遇更多的坎坷。因此，对他们而言，如何执着理想，保持定力，是一个重要的课题。

从创作表现来看，青年作家中的"80后"群体，有不少的作者还表现出对于经典文化的不屑，对于传统文学的远离，与其他代际相比，他们不仅厚今薄古的倾向明显，而且崇洋尚外的劲头十足，在文化积累与艺术传承上，更重视横向的借鉴，而轻慢纵向的继承。这些偏向都使他们的知识库存与文学造诣，有着明显的倾斜。当下的一些玄幻、悬疑、穿越等类型小说，使人难以在其中看到丰厚的人文内蕴，多是武力与武艺的炫技，智力与智斗的游戏，盖因这种写作本质上是出于知识基础的艺术想象，而并非立足于人间烟火的坚实大地。如果说那种远离"宏大叙事"的写作缺少一种文学的历史担当的话，那么，这种游弋于神鬼之间的文字游戏，显然缺少系连生活的人间生气。这样的两种倾向，都可作为写作中的一种选择而存在，但显然与"无愧于历史，无愧于时代，无愧于人民"的精品力作的打造，相去甚远，甚至大相径庭。对于有理想又有追求的文学新人来说，这种个人追求与时代需求的不相适应，委实值得认真反思，并切实加以调整。

李 东：2014年暑期，韩寒执导的《后会无期》和郭敬明执导《小时代3》同期上映。这两个一直被拿来比较的"80后"作家，在媒体的渲染和双方"粉丝"的网络大战中，又成为了一个文化事件，不知您是否有关注？您如何看待"80后"作家的这种转型？

白 烨：在"80后"作家中，知名度最高，能动量最大，影响力也最广的，当数都身处上海的郭敬明、韩寒。这两位同出于"新概念"之门的"80后"写手，在此后的发展中，依托着文学的基石，写作的方式，释放着自己的潜能，展露着自己的才情，走了不尽相同的两种路径，也成为显示着不同取向的两个旗手。郭敬明的特别之处，还在于他在文学与商业的关系上颇有心得，长袖善舞。而韩寒则擅于制造和利用各种事件，塑造和保持一个意见领袖的形象，并维持一个较高的社会关注度。

他们两个既相同又很不相同，他们的个人举动也不代表"'80后'作家的转型"。但他们有一个共同之处，是发展粉丝、利用粉丝、运作粉丝。我认为，他们在文学上的成就，远不及他们在文化上的贡献，而文化上的贡献，主要就在于他们把粉丝现象提升为一种文化，并发展到一种极致状态。

郭敬明自携带《幻城》《梦里花落知多少》闯入文坛之后，就一直是青少年读者追捧不休的偶像，凭着超常的人脉与人气，他先是创办了以书代刊的《最小说》《最漫画》，后又创办了《文艺风象》与《文艺风赏》。据说，他的杂志系列每年的总印数在百万以上，抵得过全国传统文学杂志的总和印量。2011年《最小说》五周年期间，郭敬明带领旗下二十四位作家，在北京亚运村图书大厦举行了号称史上最盛大的图书签售会，全国各地来到现场的读者有数千人之多，郭敬明当天签售图书一万八千余册，销售近四十万元，平均签售图书品种达五十八种。而他在2013年自编自导的电影《小时代》，登陆各院线一周多时间，便创下票房近三个亿的最新纪录。而粉丝们在郭敬明受到"抄袭""商业化"的质疑及遭遇与韩寒的口角时，都是挺身而出，群体而动，倾情回护，不遗余力。

韩寒以小说《三重门》等作品和一系列批判性言论，赢得的粉丝数以几十万计，而且分布于不同的阶层与代际。凭借这种广泛又火辣的影响力，他在自己不断推出《1988》《我想和这个世界谈谈》等新书的同时，先后主编了杂志书《合唱团》《一天》《很高兴见到你》《岁月的童话》等，还间或对各种社会文化事件频发惊人言论。推出的电影《后会无期》，虽然争议不断，但票房却也一路飙升。无论是他的新作，还是他的编作，抑或是他的言论，他们的活动，每有动作，必有响动，在搅动舆论、赚足眼球的同时，都能造成一定的事件。他的粉丝的特点，主要表现为特别能战斗、特别能掐架的"能力"，无论是前些年的"韩白论战""韩方论战"，还是持续不断的"韩郭较量"，韩寒的粉丝们，都是冲在论战最前线，并以狠毒的语言，围剿的方式，掀起讨伐对手的网络围斗与媒体大战。

我倾向于认为，他们可能是这个"病象"的文化时代孕育出的两个文学奇葩，或结出的两个文学异果。

争议和"吐槽"是正常现象

李 东：第六届鲁迅文学奖从申报到揭晓，网上各种声音就从未间断。在这个"全民吐槽的时代"，中国文学的重要奖项颁给谁都可能会遭到非议。作为评委，您认为本届终评中的"零票现象"是什么原因造成的？您如何看待当前的文学评奖？

白 烨：任何文学评奖都会有遗珠之憾，都会有不同意见。诺奖是如此，茅奖是如此，鲁奖也不例外。在现在这个共识破裂、一统不再的文化时代，有争议和遭"吐槽"，就更是再平常不过的事情，不用特别大惊小怪。

说到本届鲁奖评选在最终一轮投票中出现零票现象，原因在于评奖规则的某些限定。因为要求评委投满五票才算有效票，评委会三分之二通过才能最终获奖，为了不浪费名额，更为了投出五个获奖者，投票不能过于分散，因此在投票前会反复讨论，争取达成共识。所以投票的结果是为各种因素所限定的。至于进了前十，又得零票的，也主要是这个原因。

就我个人而言，我不赞成文学奖项的评选实行实名投票。因为评奖的要义是公正，并非公开，有时候，公开恰恰会影响到最终的公正。

李　东：近几年的"作家富豪榜"备受文化界关注，有人称它"反映了中国全民阅读潮流走向"，也有人质疑制榜者"用财富衡量文学"，对此您有怎样的看法？纵观榜单，与青春文学、幻想文学、儿童文学的成绩相比，严肃文学显然受到市场冷落，您怎么看待这种现象？

白　烨：所谓的作家富豪榜，是每年通过统计作家作品版税收入，得出作家的年度收入，以此作为评选标准的。实际上一些上榜者并不具备作家身份，有的只是出版了一两本畅销书，用"作者"称呼更为准确。我认为，"作家富豪榜"严格意义上讲，应该称为"年度畅销书作者排行榜"，因为其评奖标准是一种市场标准、消费标准，而非文学标准、审美标准。作品的文学品质很难用销量去衡量，文学性高的作品很可能不易为一般读者所接受，因而并没有好的销量。

炒作"作家富豪榜"是媒体所热衷的，文学圈子对作家富豪榜的认可度并不太高，很多作家对于上榜不上榜并不在意。因为除了一些经典作品外，普通作品很难做到年年畅销。

作家富豪榜的存在并非完全没有意义。从榜单排名可以看出书籍的受欢迎程度，比如青春文学的上榜说明读者正趋于年轻化，相应出现了符合他们口味的文学作品。而且，富豪榜的出现打破了原来"君子固贫"的观念，倡导社会为作家提供稳定的写作环境和较好收入的保障，也鼓励更多热爱文学的人投身到文学创作中去。

严肃文学在市场上并不很受宠，是很自然的事情。文学的写作与阅读之间的关系，本质上是志同道合者之间的交流，这种知音者的欣赏与理解，比那种盲从与盲目的喜欢更为重要。

访谈时间：2014年9月

范静晔：自信的异乡人

  范静晔，笔名得一忘二。1965年生于江苏。学者，诗人，翻译家。1987年毕业于北京师范大学外语系，后在新加坡、美国求学与研究，主要研究领域为华文语言文学教学、现当代英文诗歌，现在新加坡南洋理工大学从事教学研究工作。在海内外多家刊物、选集中发表中英文诗作、译作，出版诗集、译著、学术著作多部，应邀在中、美、新等地参加国际诗歌节等活动。

诗歌贯穿生活始终

李　东：范老师您好！先从您的笔名谈起吧，"得一忘二"让人很容易记住，其意味也令人觉得奇妙。可否请您谈谈笔名的由来？

范静哗：这个笔名和我出生成长的环境直接相关。我1965年出生在江苏北部的农村，小时候很贫穷，除了春节会有几分压岁钱（逐渐变成了一两毛）之外，平时是不会有零花钱的，所以假若得到什么需要钱买的东西那就是很了不得的事了。例如，夏天里，除了自家菜园里的蔬菜类瓜果，如茄子、菜瓜、西红柿之外，假若能吃到半个烂苹果烂桃子什么的，也一样会高兴得忘乎所以。我们小孩子为了这么一点毫不足道的东西，得意成那个样子，似乎忘掉了世界上一切其他的好东西。例如，拿一个"袁大头"换来两张彩色透明的糖纸，然后在妈妈面前显摆，我妈妈便又好气又好笑地说：看你那得一忘二的样子。但对于一个小孩，那一点"所得"带来的满足和喜悦却那么真实，根本不是其他更宏大遥远的未得或可得之物所能比拟的。后来长大了，知道自己能够得到自己喜爱的那一点点是多么重要，何必再去和别人比呢。

李　东：您所从事的工作，都取得一定成就。比如说教学，您编有数种教材；从事翻译，出版多部译著；从事学术研究，论文刊发重要刊物及在国际会议上宣读……请您详细介绍一下目前情况。

范静哗：我毕业自北京师范大学外文系，父亲是老师，大概我注定要从事教学工作的。我先在南京的东南大学教书十三年，主要是英语语言文学与翻译的教学，然后来新加坡读书、工作。教学教材、学术论文是工作的一部分，学术翻译算是研究的附带产品。我的学术专长是英语现当代诗歌，因为在英语国家做这个研究，所以研究与发表论文也是在英语世界的学术界，在这一点上中国国内的现当代外国文学研究自然是比较落后一点。不过，翻译介绍国外诗歌倒是我阅读与学术生活中最开心的一部分。

目前，我的全职工作是从事汉语语言文学文化教学与研究，包括教师培训、本科与研究生课程，我开设的课程包括儿童文学、语言交流互动、当代诗歌的教学与写作等。我日常用于学术的时间主要分为三大块：汉语语言文学教学研究、英语文学研究、翻译与写作，应该说兴趣范围是蛮宽的，但实在不好说有什么成就。因为身居国外，与不同国家的诗人们有所接触，因此也做一些汉诗英译的工作，不过都没有计划；我的翻译主要还是从个人阅读中衍生出来的。

仅就翻译来说，2015年前还没有出版一本诗歌译著，虽然我在各种期刊杂志上译介的诗人诗作收集起来应该够编几本书了；未结集出版的原因多少也反映出当代翻译诗歌的出版现状。前几年，国内诗歌出版比较冷，我曾和几个出版社谈过推出一些国外当代有影响的诗人，但当时几乎没有出版社会愿意购买诗歌翻译的版权，而在杂志上一次十首左右的量可以暂不考虑版权；最近几年诗歌出版开始热了一些，但我也没有主动联系国内的出版社，很多东西都已经在网上或杂志上了，也就没再想着结集出版，有些早先介绍过的诗人后来也有别的译者做了更全面的翻译。

李 东：从当年的苏北农村，到国内大学任教，再到出国深造、国外任教，这一路走来，文学扮演着怎样的角色？

范静晔：从家乡出去上大学，然后在国内工作，继而到国外求学工作，这一切时空转换中唯一不变的纽带便是文学，而且可以说正是对诗歌的热爱与追求才引领我走上了这样的一条路。走上这条路，我觉得小时候的教化很重要，而这一点在当前的教育中似乎是比较欠缺的。与文字的亲近感真的需要从小培养,我觉得在当今这个视觉文化大有侵占书写文化的大环境下,我们需要进一步开发儿童对于汉语文字的迷恋。

我觉得我对于文学的热爱有很大原因是从小就受到的文学熏陶。我的大伯伯受过很好的教育,因为新中国成立前在国统区当教师,在"文革"中被打成反革命,在家乡接受管制劳动。在我还没上小学的时候,我们会在农闲的雨天或乘凉的夏夜里,听他吟唱古诗,讲文学逸事。这应该对我产生了潜移默化的影响。同时,我父亲是小学教师,在我大概七八岁的时候,父亲买回一本儿童诗集,大概两百多页的儿歌。我三四年级的时候,就读了我父亲上学的文学课本,里面有中国经典小说的章节,也有普希金的童话诗等作品。到了小学高年级的时候,我已经看繁体版的《唐诗三百首》。因此,作为农村小孩,我的青少年时期得到的文学熏陶算是好的。

我在初中时发表过最初的诗歌,那是1970年代末。进入高中时毫不犹豫地选读文科,而学外语则是因为在中学图书馆里读到了两本新中国成立前出版的诗歌著作,一本是余振翻译的《莱蒙托夫诗选》,除了他的代表性诗篇之外,我还清楚记得其中一个有关皮格马利翁的意象(大意是"造物主拜倒在他的造物面前"),这让我很着迷;另一本则是介绍英语诗歌的专著,我至今还能想起那本书是如何分析华兹华斯的《孤独的刈麦女》的节奏与意象的。可以说,这两本书令我决定报读了大学的英文专业。1980年代是中国人文学界最热闹的时期,西方近百年的思潮涌入中国的十年中,我在那时候最早接触到美国的自白派诗歌,从而决定了我后来的学术研究从美国六十年代诗歌切入,至今仍然是我的专长领域。我记得我决定出国求学的一个主要原因就是,在1990年代,国内的外国文学教材教学止于二战前后,在国内几乎不能直接接触到当代诗歌的文本,因此出国读书就是为了读在国内读不了的方向,所以选择了在国外也很少有人读的现当代英语诗歌。

现在可以说,我整个生活中最重要的贯穿始终的就是诗歌,即便我的诗写得不算优秀,但我相信我还是可以将诗歌译介做得不错。

汉语诗处于最好的发展阶段

李 东:外国作品的翻译和引进对中国文学的影响应该说是巨大的,这其中翻译家自然功不可没,甚至有专家指出"优秀的翻译家,贡献超出作家本身"。作为译者,您如何看待翻译工作?

范静哗:除非极端的保守—保护主义者或者原教旨主义者,在任何语言文化中都没有谁会否认翻译对本族语言文化的意义。然而,几乎每一种文化都会在某个阶段对外来文化采取某种抵抗的姿态,而文化抵抗或者文明冲突必然影响到外语和翻译。稍加考察,我们就会发现,翻译通常会具有很强的功利性和工具性,而进一步观察,我们便会发现抵抗姿态几乎会紧随翻译潮的脚跟而来,这种抵抗通常是以反思并再开发自己的语言文化传统为号召;然而再进一步呢,我们会发现这种号召之所以具有反响恰恰是因为翻译的挤压。我的意思是,如果一种语言文化自身的承继没有出现重大断裂,翻译通常是一个他者,一种参照,一种外援。

然而,中国现代汉语语言文化相对特殊一点。在白话语言文学的发展初期,翻译所起的作用是不可估量的;这不仅表现在文字与写作方式上以欧化(表达)语法为母本的构建,更因为我们的知识系统的重新构建。紧接着是现代(派)文学(民国时期为主),我们的文学整个观念和表现形式上都是学习借鉴外国文学的,而那个时候正是我们语言以及感知和表征方式的革命性转换期，相当于托马斯·库恩所谓的范式转换。然后是语言文学对于翻译的抵抗，除却社会政治等因素之外，这种抵抗从语言上说是以"为工农兵服务"这个看似回归本土的诉求作为号召的，接着便是我们都知道的以极端工具化的语言写成的"文革"文学。当我们站在当下这个语言相对自觉的高度来看，"文革"后的文学其实不过是重续了民国时期语言文学的未竟之业，尤其是像朦胧诗那一代人虽然牢牢占据了文学史的一个转捩点，但他们对于当代汉语语言和写作的贡献也许没有那么大。倒是之后朦胧诗之后的一代人，一些声称自己是文学上的狼孩子的作者，对当代汉语语言和写作起到了更具开创性的意义，而这些狼孩子恰恰承认自己喝的是（西方）狼奶。

当我们说翻译作为一种他者的时候，很可能就是我们自己的语言日趋自足的时候。自足，也就是"盈则亏"的状态。一方面，语言的自足促成使用这一语言的写作者有一种意气风发的自信，如鱼在水，沉溺于自身的语言文化系统，基本上对翻译的要求是要"译—易—移入"，要以"我"为标准，要"同化"外来语言文化，这实际上也就是排斥翻译中的"异"性。另一方面，语言自足状态下必有一个暗涌的潜流，这就是自足状态下的语言身份焦虑；在这个状态下，敏感的具有先见之明的作家就要担心语言无新意的重复，忧虑语言使用的惯性化，文学创作的创新能力因此减弱。我感觉目前我们似乎有了这样的倾向。这在当前的翻译中，尤其是诗歌翻译中，已见端倪；而例证这一论点的恰恰是一个很吊诡的现象：译者队伍和译作数量的庞大。一方面，这说明我们的外语总体水平提升了，翻译不再玄妙神秘，普通读者感到更容易进入外国语言文学的世界；另一方面，翻译的祛魅加上自身语言的自足却又令读者大众对于翻译语言的要求更加同化，这往往是以牺牲外国语言特异性为代价的。

就当前国内的诗歌翻译而言，我的总体感觉是业余译者太多，构成了一个很大的基数，而这些译者所产生的翻译文本往往也只是增加了数量。一边是某些外国诗人在汉语中有许多种并不出彩的版本，另一边是我们觉得可读的外国诗歌翻译太少。结果，译者与译作量的庞大并不能在质上产生冲击，反而进一步掩盖了翻译能够带来的新异性。诗歌翻译最不能牺牲的正是语言的特异性，而现在我们有多少诗歌译文能够在尊重原文的基础上给予读者语言的冲击？

翻译，就其本质而言，有两种不同的观念：化入与存异。这两种观念会具有不同的使命，也会使翻译具有不同的命运。我们都有必要认真思考文学翻译，尤其是诗歌翻译，在当前的使命与命运。在我看来，诗歌译者需要做一个自觉的他者，一个自信的异乡人。所谓自觉，就是要有理智地与译入语保持必要的距离，保持一种外地口音，而不要一味取悦译入语的读者。所谓自信，就是要真正地以外语语境为依据呈现原文的语言风格。

李　东：从您目前翻译的作品来看，您觉得中国诗歌和其他国家或地区相比，存在哪些差异？形成这种差异的原因是什么？中国诗歌目前处于怎样的状态？

范静哗：这个问题太大，我不知道谁敢把这样做比较或说出什么原因，因此我必须说明，我只是从我有限的阅读来谈谈感想。

中国当代诗与其他国家相比有何差距或差异，我总觉得这个比较是一个陷阱。这里确实有陷阱，一种思维陷阱。要谈不同语言的诗歌之间有何差异，除了说不同语言文化产生属于自己的诗歌这样似乎并无异议与意义的话之外，实际上是要假定并承认诗歌不仅有放之四海而皆准的标准而且这些标准对于任何语言文化、任何时代都同等有效。但这种思维的前提恰恰是要承认所有语言的诗歌都是平等的，每种语言的诗歌在不同时代的进展也是可比的，例如一种语言中的诗歌进程是一致向着某个方向发展的，每种语言都没有断裂。这就是一个悖论了。我要说的是，不同语言文化环境下可能创作出来的诗歌必然是不同的，很难定下一套标准用以有效地比较不同诗歌而不失之偏颇。

不过，正如我们可以翻译诗歌，而且理解欣赏另一种诗歌一样，诗歌肯定有某种共性。我想，一方面我们可以从汉语诗歌发展做汉语诗歌内部的历时的比较，另一方面可以就诗歌表现方式、关注层面和写作（终结）目的与其他诗歌做共时的比照。

你说要我从我目前的翻译来谈这个问题，因此我先就翻译谈我们的诗歌与外国诗歌之间的共时与历时关系。我通常会少翻译所谓的大师的作品，因为大师级的东西是已被时间证明了的，大师留给我们的可能更多的是技艺，是人们通过释经式解读分析出来的。大师处理主题呈现为诗的方式之所以能够为我们所用，很大一部分原因是因为我们站在时间的有利位置上，我们让他们停下来给予我们时间反思。我们阅读大师就像是回头与他们对视，当然会看到很具有穿透力的东西。假若我们与大师同行，恐怕所见必有局限，甚至会有很多不能理解甚至不欣赏的。大师是与历时的存在，虽然我们总试图将他们共时化。

我翻译的基本上是当下比较公认的优秀诗人，有些是创作力还很旺盛的。我觉得把这样的诗人介绍给国内读者可能更具有当下性意义。我们需要在共时状态阅读外国诗人，但共时状态其实是很难达到的。共时还暗含着同时在场，就是要与外国诗人共享一个语境。而我们知道，哪怕所谓全球化、现代化，在不同语言文化的小语境中，其接受方式、意义与功能都是不一样的。当我们写诗的绝大多数人还不能直接阅读一种比较强势的外语时，我们真的很难说是与外国诗歌处于共时的状态；毕竟，翻译只是将他人的文本译入自己的语言，而翻译总是有偏见的，偏见的一个表现就是选择"高于"我们的诗人来翻译，让我们"学习"。存在于这种选择中的偏正可能会进一步使我们的诗人与当下脱节,不能与当下国外诗歌同时在场。当然,同时在场本身也可能是一个迷思;不过我在此还是简单化一点吧。

从汉语诗歌发展来说,我会认为目前的汉语诗歌可说是处于最好的发展阶段。我这样说的原因是,当前写诗所使用的语言可说是我们现代汉语史最成熟的阶段,而就绝大多数诗人而言,写作基本上还是比较自由的,从语言风格、表现形式到发表平台总的说来没有太多限制,目前我们写作的内容也是最接近生活的阶段,虽然内容上可能具有某些限制,但是诗歌原本就应该运用某些技巧、修辞策略等,使得诗歌免于成为政治、社会的附庸,因此诗人应该让表现方式成为传达内容的保障。诗歌是以文学性的语言对生活进行陌生化的呈现,那么不直接直白地反映和回应现实应该是合情合理的。我们看看苏联的白银时期的诗歌就知道即便有外来的限制,诗歌依然可以非常优秀。从汉语诗歌发展的语言条件来说,目前是汉语诗歌最好的发展阶段。

上面我说到语言自足与自信的话题,现在可以先接着这个话题谈。现代汉语在"文革"后才开始重新转向语言本身,经过朦胧诗一代的初步实践,在其后的第三代诗群基本实现了语言的自觉,这种自觉体现为回归—回到日常语言,并且这种努力和实验产出了一批较成功的诗歌文本,开始构建出一种新的诗歌语言模式。紧接着便是当下的诗歌语言,有点恣意也有点放纵(而在当今仍然保持着语言使用的克制力的十二年恰恰是第三代诗群同时代的人)。

当下,写诗者对语言的使用更加没有约束,没有任何预设。这可以理解为我们目前处于语言上最自信、最放松的阶段,因此诗歌写作本身也较少有焦虑感,这种状态很适合诗人探索语言表现力和诗歌表现手法。这样,当前诗歌的语体跨度就可以很大。例如,非口语化的诗人中,许多诗人风格非常特异,例如柏桦,例如王敖;我举这两个诗人为例,是想说同在汉语诗现场的诗人可以是身居任何空间的,汉语诗的现场是诗歌本身构建的一个抽象空间。

语言上的放松也可以理解为对语言的滥用,典型的表现是随着口语诗而来的从主题到语言的油滑贫嘴,多了很多废话和口水。口语诗以反叛姿态出场,与它所要表现的生活层面有关(例如"下半身"写作就是反映了生活的某个层面),但诗歌不仅仅是要从语言到内容都复现日常生活的庸常片段,更要在诗歌文本中创造一个小世界,与所折射的现实互相映照。

之所以从语言角度说起,主要是因为当代汉诗写作最明显的问题是就与语言有关,当代汉语与西方很多语言在这一点上有着非常显著的区别。现代汉语中断裂现象比较明显,这对现代汉诗传统的建立产生较大影响,反映出来的一个明显特点是,现当代汉诗的发展可说是断层式的。这一点也是与西方主要语言之间的差异,西方主要语言几个世纪来的发展是连贯的,不同风格的诗歌所使用的语言具有较大重叠,因此诗歌也更容易进入更大的读者群。语言不断层还使得这样的语言有一个相对坚韧的核心部分,能够吸收其他语言的一些特征丰富自己而不引起语言身份的焦虑,不担心丢失自己的本质。例如,美国现代派诗人发现中国古诗,形成了意象派,但意象派诗歌浓重的中国唐诗语言方式却能够自然而然地成为美国诗歌的有机部分,丰富他们的诗歌传统。对比当代汉诗,我们会发现两个比较极端的现象:一方面是我们在"文革"后比较生硬的欧洲现代派话语方式,另一方面是未加提炼的口语直接入诗而成为语言注水的口水诗。这实际上反映出现代汉语似乎"主心骨"不够坚韧,因此,会有比较明显的一窝蜂现象,说明很多诗人没有扎根于汉语深处。

不过,我仍然认为,我们目前的汉语诗处于最好的发展阶段,诗歌总量无疑是现代汉诗史上最丰富的阶段,诗歌总体质量也比过去任何时候都更高。然而,因为诗歌写作所使用的语言缺少一种主导的共核，写作中明显有一种趋同现象，作品内部世界相对单薄，当代汉诗的精品少，缺少大师级诗人。

诗歌回到公众是一件好事

李　东：您虽身在国外，但对国内诗坛也是相当熟悉。每当那些"诗歌事件"，让诗歌重回大众视野的同时，总是有意或无意地伤害着诗歌。当前，余热尚未散去的"诗歌红人"余秀华，多角度横扫了各大媒体和网络朋友圈，褒奖与谩骂并行，众说纷纭。对于这种现象，您如何看待？

范静哗：先注明一下时间，我回答这个问题的时间是 2015 年 2 月 15 日。我很不愿意谈论这个问题，也怕当这个访谈刊出时，恐怕早已过了这个事件的有效期了。那些购买了她诗集的读者，如果像他们所说的那样感动，恐怕应该已经来得及读完了。希望广大读者认真阅读她的诗，希望网络上的热正在读者心中发酵诗歌带给他们的感动，并进而催生对于诗歌的持续热爱，而不是只对每个"这一个"诗歌事件做出反应。

我倾向于认为余秀华诗歌热是一个公众事件。公众事件的最大特点是在很短时间内就裹挟了很多"看客"（spectators，我说的看客并无贬义，指外来的观看的人，诗歌的看客就是平时并不怎么读诗，但因为这个事件而读诗的人），形成了传播学上所谓的"景观"（spectacle）事件，看客们往往在主流声音大潮中跟着喊一嗓子，不仅证明了自己符合（附和）主流，也成为了大众之一，并借此感到自己的从未意识到的感觉（感觉不是有意识的思考得出的观点）竟然也是如此具有道德等舆论或政治的正确性，进而以为自己也具有了一定高度的判断力。当然，公众事件往往由某引人注目的人物推起（这里的注目再次指向事件与看客的联系），经由媒介渲染，唤起公众的附和。通常，假若媒体持批判态度，那么这个事件就成了集体吐槽，到这个时候任何理性的另一种观点基本上就会被湮没；一石激起千层浪，到这个时候就只有浪，而再不会回到那颗石头。也许等这个访谈刊出后，有人读到这个访谈会回过头去想，余秀华的诗到底有多优秀，他读余秀华的诗之后使得他能够进一步阅读其他诗人了吗？如果有的话，就是开始逐渐回到诗歌了。

对余秀华诗歌的喜爱原本应该是个人化的，包括事件关键点上的沈睿，包括之前喜爱或欣赏她诗歌的那几位编辑，这种喜爱都具有个人的真诚性。沈睿成了这个公众事件中"那个引人注目的人"（当然，后来那个转发她的人用了一个更加吸引眼球的标题），媒体将她个人的喜爱（包括她不着调地把余秀华比作迪金森）作为渲染的一个基点，终而形成了"余秀华景观事件"。在这个过程中，沈浩波带着个人的不喜爱就成了这个事件的对立面，无论他的观点是否更加理性（他的不欣赏是以诗歌文本分析为例证的）。我们先不去判断沈浩波是否代表了中国诗歌的大男子主义等，但必须允许沈浩波不喜欢余秀华的诗，允许他有个人的诗歌趣味和标准。与此相对的是，沈睿提出诗歌的首先标准是感动，广大读者被唤起的也是感动，然而感动如何成为标准呢？

视觉研究中有一个术语叫作 afterimage 余象，就是看过一个图像之后，转过后头或闭上眼还会短暂滞留在眼中的图像。没有真正经过思考的观看，通常在这个余象消失后不久，原图像的细节随之消失，最后记得的恐怕只是观看行为，亦即：哦，那个我好像看过，但是具体是什么不记得了。所有景观事件对于大部分只是参与了观看的人来说，也就是这个结果。眼球效果导致的短暂兴奋会过去，只留下"我看过"的余象，以及随同观看行为进一步强化了的对当代诗的已有印象（"比起余秀华，当代诗都写成了什么狗屎呀"）。整个事件的公众参与者里，有许多人说自己很少读诗或很久没有读诗了，今天真的被感动了，或者很简单地说,我就是喜欢这样的诗。然而,很少读诗的人,对于诗的判断力从何而来?

诗歌回到公众是一件好事,但绝不应该以景观事件的方式回去。如何将事件转化为 project 规划项目才是当代媒体可以也应该做的事,例如上海的诗歌船、武汉的地铁诗等等,都向公众展示当代诗的多个层面。

李 东:近些年,从网络论坛、个人博客再到微信,诗歌的传播方式不断发生变化。特别是微信这种新媒介的出现,被越来越多的人接受,诗歌随着"万能的微信圈"便捷而又迅速传播开来,也因此有人说"诗歌将迎来新的高潮"。您如何看待新媒体对诗歌发展的这种影响?

范静哗:传播媒体一轮又一轮更新,每一次更新都会淘汰一批旧媒介下的受众,吸引一批新受众。所有媒介的野心都是要将自己的影响触角伸向每一个人(的某个侧面),但假若传播的内容没有变化,变化的只是传播的方式,那么对人的影响也不会有本质的变化。当然,当一种媒介逐渐成熟时,传播的内容会调整得更加符合传播的模式,例如电子化时代的传播内容更加视觉化,以更直观在更短暂的时间内呈现内容;与此相应的是阅读的快捷浅表化,可能要写得"瞬间吸引人或有意味(instantly intriguing or interesting)"才会被读下去。当传播方式从第一代媒介(纸媒)到第二代媒介(电子媒介),一个最革命性的变化是传播过程加入了互动性,受众以评论的方式参与了传播内容的延伸与构建。这在中国的传播环境下,对诗歌的最大影响首先是发表的自主性加强了,诗歌的个人化更加可能。当每个人的写作都可以不考虑审查(在此指最宽泛意义上的审查,如包括不同刊物编辑的质量把控和趣味导向),直接由个人上载传播,这就促进了写作及其自由,也导致了诗歌标准的去中心化。

标准的去中心化并非没有标准,而是标准和趣味的小众化,同一个论坛或者同一个微信圈有自己相对接近的趣味;而互动性会进一步加强这种趣味。我认为从网络论坛到个人博客,再到微信圈,并没有本质上的变化,主要是从固定平台变为流动平台,互动的即时性加强了,但仍然是在第二媒介模式下。如果说新媒体能带来什么诗歌高潮,那么 Web 2.0 就已经造成了诗歌的高潮。况且,微信圈似乎并不见得比 BBS、个人博客更加开放,只是由于诗歌篇幅较短,更适合在手机上用微信传播并互动,但互动的速度加快也更容易促成阅读的快捷浅表化。新媒体下的传播最有利于阅读中的互动,有可能从总体上提升诗歌的创作水准,但这个水准的提高可能有上限,有趋同的倾向。诗歌的传播可以更广更快,但诗歌的写作不应该更快。我相信,包括诗歌在内的文学在新媒介下的传播还会进一步与传统媒介结合,微信也不会例外。

好诗之好很难被标准化

李 东:微信圈最近广泛传播着诗人、翻译家黄灿然几年前的文章《好诗实际上没有标准》,作者的结论建立在"好诗永远产生于标准建立过程中,标准一旦建立就迅速被坏诗攻占"。您认同这样的观点吗?怎样区分一首诗歌的好与坏?

范静哗:说好诗没有标准,更相当于说好没有标准,不是说诗没有标准。诗首先得是诗,有某种成为诗歌的特质,然后才能谈什么是好诗。好诗之好是无法标准化、规则化或量化的,这就犹如武功高低不是靠掌握了什么招式一样。我愿意从这个角度理解黄灿然所说的话,相信他不是说诗没有标准,我相信作为一个诗人都不会这么说。

虽然好诗也许没有标准,但我认为评价一首诗好不好肯定有一些大家接受的角度,仅仅说感动肯定是不够的。很多人读余秀华会很感动,但她感动大众的诗不一定就会多么好;同样,被余秀华诗歌感动的人,很可能不会被T.S.艾略特或者拉金感动。

所以黄灿然说的有一定道理,好诗产生于标准建立的过程中,这是因为好诗以自身建立好诗的标准,这一标准一旦建立,就会有另外的好诗更新或重建一个更合乎诗歌发展的标准,同时原有标准开始失效。好诗的标准会在哪些方面更新,也就是好诗的标准呈现在哪些方面。我认为诗好不好可以从以下几个方面看。

第一,诗对语言的创造性运用。所谓创造性运用就是要让人觉得诗人发现了语言,即便那语言是普通读者都会懂的,但却是普通读者没想到这么用的,而且让读者觉得这样用是好的。对于语言要么有一种展延性,要么有一种拂去惯常之灰尘的重新指向所指对象的澄明性。在这个意义上,例如,堆砌优美辞藻是低下的,因为那不能达到以上两条。

第二,诗歌独特的表达艺术。诗歌所要表达的内容不应该是仅仅用大白话就可以说出来的,否则就不需要用诗歌的方式了。诗歌是一种独特的表达方式,用雅克布森对于文学语言的说法就是陌生化,非日常化。诗能否以人人都能够理解的方式表达人们无法表达的意思与情感,是评判诗成为诗的一个重要方面。诗首先是预设或规定一种解读框架,犹如进入地狱之门前,首先要放弃希望,才能看到希望。如果读诗之前,先要想这首诗要说明白什么事或什么道理,那么就已经不是读诗了。诗歌作为表达的艺术,和上一条一样,可以从两个方面看。一方面,最精致精准的表达;另一方面,以朴素的方式最直接澄明透彻到骨髓的表达。前者可能表达得细致入微,是语言的洛可可艺术,而后者可能是一种白描的得意忘言的表达。

第三,诗歌的内容与音乐性。在当下,没有人会觉得诗歌必须写什么,什么是不可以入诗的。诗歌的内容已经没有设限,诗歌的意义高于意思,诗歌永远会有"一粒沙中看世界"的可能性。诗歌必然有音乐性（音韵的节奏，视觉的节奏等，从而也会上升到心理的节奏），音乐性使得诗歌与散文得以区分。诗歌会因其音乐性而造成意思的多义含混，这是说诗歌的形式元素会与内容有一种张力，既使得形式与内容之间存有间隙，但又将它们扣紧在一起，互相为对方服务。口语诗的音乐性还没有充分建立，这是我们当代诗人以及评论家们需要努力的。

第四，诗歌的情感。现代诗歌更应该是抒情诗，没有必要非得为了描述社会事件而写诗。抒情，包括冷抒情，应该基于个人，只有个人的才可能是人类的。有关个人性，也可从两层意义上看：一、极端的个人令人类的体验走向极致；二、普遍的情感获得大众诉求。个人的深处，无论与社会多么隔绝，都是人性至深处的东西。个人可以分享的情感是人人都能共鸣的，这就更需要语言的艺术性。所以，有的诗歌不是因为写得好，而是因为敢写而被人抬举。而有些诗歌则是因为人人共鸣，而写得不错，就被人人传唱。只要是人的，就有人类性。简而言之，好诗给人提供一种新的感受世界（包括自己）的方式。

李 东：之前交谈中，您提到有一类诗歌是"表演性诗歌"，这个提法与朗诵诗歌有关，但不仅限于朗诵，还涉及诗歌创作时的一些表现手法等等。请您就这个话题再谈谈。

范静哗：诗歌，最初的形式肯定是以表演保存下来的，而在这过程中音乐性起到了很大的作用。诗歌的音乐性还使得受众（最初是听众，然后是读者）更易于理解诗歌。在阅读时代，诗歌一方面逐渐具有了视觉节奏（例如，中国古代诗歌不分行，以固定的格律让读者在阅读中分清句读），另一方面又逐渐要依赖与发挥反复阅读，因而诗歌可以更加抛开重复的词句，使得一首诗中的内容更加密集。在当前这个自由诗时代，很多诗人越写越口语化，诗歌字面形式的元素一再减弱，这就使得诗歌的阅读魅力一再下降。为了增强诗歌的魅力，于是真人演绎就成了一种增魅术，毕竟诗人本人的朗读具有某种不可替代的韵味，正如本雅明在《机器复制时代的艺术作品》中所论述的那样。诗人朗读可说是当代诗歌的一种独特的消费形式，有资本的去亲耳听朗读，躬逢其盛，可以亲见诗人本尊，获得某种本真性 (authenticity)，感受那种在场的韵味（aura）；没有资本的就只能通过自己观看文字。

当前的口语诗很多时候依赖腔调，这个腔调很多时候并不是诗歌文字所显明的，因此许多口语诗人实际上是将作品的阐释权抓在自己手中，口语表演成为诗歌内容不可割裂的一部分。不好说这是好事还是坏事，但显然获得表演成功的诗人会越来越强化这一层面，那么诗歌最终会越来越成为一种声音表演艺术，一种集体围观艺术，一种一次性艺术，一种肤浅化的艺术。与音乐的不停演绎就产生新的意义不同，这样的诗歌甚至排斥他人的朗读，这使得读诗过程中发现自己与诗人之间逐渐产生了神秘联系这样的私密体验也会消失。口语诗的表演性其实并没有给诗歌文字文本阅读过程本身增加魅力，而不过是将原本属于文字文本阅读的魅力带进了表演中，拓展了文本的范围，而诗歌文字文本则被进一步稀释。现在，学院派与民间派的区分几乎没有了，也许逐渐出现的是表演型诗文本与阅读型诗文本的区别。

李　东：在各种体裁文学作品中，诗歌应该是最难把控的。您除了写诗、翻译，还从事诗歌研究和评论，您觉得诗歌评论对诗歌创作的指导意义有多大？

范静哗：正如前面所说的，好诗之好很难被标准化。因此诗歌评论通常会变成对既有文本的阐释和挖掘。如果诗评家不是一味说好话，那么他能够期待做到的，除了导读之外，至多是令有意识的诗人借助一双胜任读者的眼睛看自己的创作；一个诗人自己的创作方式会因此而改变吗？我比较持怀疑态度。

诗评是分析性的,而一首诗(甚至一本诗集)是一个有机整体,其中的细节、修辞以及整个结构是一种动态平衡,很难批评其一而保持全部的平衡。

好作家在地域文化深处如鱼得水

李 东:2014年底,您作为嘉宾参加了"亚洲著名作家走进新陕西"采风活动,通过这次深入陕西实地考察,您感受到的是一种怎样的地域文化?

范静哗:陕西是中国文明的摇篮,而延安是新中国的摇篮;这是一个黄土的摇篮,一个被深鏊切出的高原的摇篮。这趟陕西采风之旅给我最深的感受是内心深处与泥土的亲近感几乎三十年后再次被唤起了。一切都可能变,尤其是全球的城市风貌这些年都在迅速变迁,而唯一不变的是真正的泥土。陕北的黄土文化奠基了更深的汉文化,而这又与整个中华文明的历史紧密相连,这一点当我进入陕北之后具有了更深切的认识。与南方的亲水文化相比,这种亲土文化相应地产生了一种粗犷阳刚质朴的文学艺术,我在阅读诸如阎安等诗人的文学作品时也能加深这一认识。这种地域文化挖掘得越深就越能挖掘到一种文明的核,正如一个人的个人性的极致具有人性的极致一样。一个好的作家应该是在地域文化的深处如鱼得水,以地方性的文明因子创作出与外部所有文明相呼应的作品。

李 东:随着诺贝尔文学奖花落中国,越来越多的人开始关注中国文学,中国也会有越来越多的文学作品走向世界各国。就目前而言,中国文学在新加坡影响如何?有哪些作家或作品比较受欢迎?

范静哗:中国文学走向世界,一开始是依托于外国大学课程的，那时候当然就是以古典文学为主。大概到了 1960 年代开始，国外的大学才开始有中国现代文学课程。随之而来的是一些翻译，这又与中华民国以及之前的留学生开始在大学任教有关。西方真正关注中国当代文学还是在中国改革开放政策实施之后，当"文革"后的中国留学生进入西方大学科研机构时，西方研究中国现当代文学的力量才得以充实，虽然这些人可能并不直接翻译中文作品，但他们的中国现当代文学研究促进了西方对于中国文学的关注和消费。当然，这些关注并不可能是全面的，只能是一种补充，一种他者。新加坡对于中国文学的关注相对说来会比西方来得及时一点。新加坡有很多中文书店，但台湾作品较多，这是因为新加坡和台湾一直保持交流，与中国大陆正式建交是在 1990 年。在此之前，大陆书籍是不会进入新加坡的。由于与中国大陆的隔膜，加上新加坡是一个以英语作为教育语言和通用语的技术导向的小国，其人文修养依赖于英文，所以汉语文学很不发达。这儿的生活节奏又非常快，因此新加坡普通读者倾向于阅读短小轻松的随笔与短篇小说或言情小说，而当地的华文诗歌创作则比较多的是以日常生活场景切入的抒情作品。新加坡每年举办作家节，除了邀请海外知名的华人作家如高行健、戴思杰、郭小橹、马建等，受邀来新的中国大陆作家包括毕飞宇、北岛、余华、王安忆、卫慧、苏童、阎连科、盛可以、麦家、何家弘、张悦然等。中国当代诗人相对说来还比较少，这也与新加坡人的阅读习惯和能力有关。

访谈时间：2015 年 2 月

何三坡：诗歌是一种缓慢之物

何三坡，土家族。1964年生于贵州。毕业于解放军艺术学院文学系。历任武警总部文工团总编剧，《诗歌中国》总策划，中国作家实力榜评委，崔永元"新锐导演计划"评审团评委、2012土豆映像节评委。著有诗集《灰喜鹊》《徒然草》，谈话录《向美丽的汉语致敬》，电影剧本《开往南京的火车》。荣获第六届丰田环保奖、2014年第九届中国作家榜致敬诗人。

"衣襟下有一颗愚蠢至极的野心"

李　东：三坡老师您好！在中国当代诗人中，您似乎是一个"异类"，这些年里，一直住在北京之北的大山中，繁花碧树为邻，清风明月作伴，远离城市喧嚣，独享静谧时光。简明老师谈及您的一篇文章写道："诗人何三坡丰富了当代文人'归隐情怀'的内涵。"在这个纷繁的社会，"隐士生活"是无数文人向往却不能及的。您是何时因何原因开始这种在外界看来"归隐"的生活的？

何三坡：许多年前，一个出生在乡下的孩子，突然间被带进一座浩大城市里，过上了漫长的尘嚣生活，等他明白过来，发现自己好像待在一座疯人院中。之后，他开始渴望住在树林里，渴望一早醒来，听到鸟声。1996年，夏天，生活给了他一个机缘，他住进了燕山里。从此，与燕山的树木、喜鹊待在了一起，写了几句日常札记，做了个看月色的闲人。这算得上是归隐吗？我觉得是千辛万苦回到了故乡。

李　东：您集诗人、文化批评家、编剧、导演等多重身份于一身，而且只要您出手，就有令人瞩目的成绩，比如诗歌获丁玲文学奖；小说入选《中国先锋小说二十家》；文学批评在文化界有"南朱北何"之称；电影剧本获得电影界破纪录的稿酬；等等。似乎每一次转型都轻而易举，对此您有怎样的心得？

何三坡：哦，惭愧。这就是我此刻真切的感怀。伟大的《石头记》里，贾宝玉说，弱水三千，只取一瓢饮，多么好。我羡慕的是那些九死无悔的痴情人。此生只为一人去，管他冬夏与春秋。我自己做不到如此孤绝，于是换来换去，忙得像个变戏法的孙悟空，还莫名戴了一堆破帽子，真心滑稽又无地自容。

我童年的梦想其实是做个穿着隐身衣的侠客，"银鞍照白马，飒沓如流星。""事了拂衣去，深藏身与名。"身怀三尺龙泉剑，路见不平要铲平。月光清亮的夜晚,在屋檐上飞来飞去,身轻如燕,还没人能看见你,蝙蝠侠似的,真是太酷了。奈何世道不我予,绝了望,只好退而读书,写几个字,最终混成了无用的书生,老实说,背负有巨大的挫败感。

以我在这个古老帝国的看客经验,往往是,什么都能做的大抵什么都做不好,从李后主到宋徽宗不都是最好的例子么?真正能当好皇帝的不用去填词,不用去画画,不用做那么多的春秋梦。而我眼见着到了天命之年,还想去拍电影,那是这衣襟下有一颗愚蠢至极的野心。

李　东:2014年底,您荣获中国作家榜致敬诗人。授奖词中说:"他的诗歌恍如清泉,将我们芜杂的心淘洗得洁白又清净。作为陶潜与王维古老衣钵的传递者,他以《灰喜鹊》、《徒然草》代我们向伟大的自然致敬,向美丽的汉语致敬。"《文学报》总编给您颁奖,可以说为诗人们赢得了敬意与光荣。但前几天又发现您竟然说诗歌不打算再写了。为什么会决然封笔,放弃诗歌?

何三坡:大概是,比起我活泼的生命来,诗歌太过柔弱,已安妥不了这无缰的野马。又或许是因为我与它相处日久,已失去了耐烦心。我喜新厌旧,这几年,好像电影更具魅力,它更加吸引我。圣人说,随心所欲,不逾矩。或许拍完我想拍的电影,我还会回到诗歌的裙边。我相信那时候我的诗歌已变了容颜,我们就能执子之手一起终老了。

"形同陌路各不相扰"

李　东:在最近的一次回答记者问中,您说过您喜欢的诗歌是《天鹅》,但很多人其实更喜欢您的《豹子》《姐姐》和《过普渡寺》。您的代表作应该是哪一首？读者应该怎么理解它？

何三坡：也许应该是《过普渡寺》吧。上个月，看到一个叫芦苇岸的诗人对这首诗有过解读，好像比我自己理解得还好一些。我把这首诗歌和他的解读都贴在这里好了。

过普渡寺

月下的琉璃瓦。被风吹散的琉璃瓦。清凉的月光的响声。
众生被废弃在白昼里。
一块石头在说出寒冷。万物被蒙羞。

芦苇岸快评："三坡是我的同族老乡，他的诗歌是现代诗经的典范，是神灵密语的自然流泻，是故乡高山上薄纱般的云朵，是松叶间漏下的一片透亮的月光，是山间流水唤醒的黎明。总之，他是以宗教建构的要求在小心翼翼地对待诗歌，他的诗将繁复的技巧和西方诗歌的影子剔除得干干净净的，大都亲和、阔大、浩渺和无限。严格地说，他的诗是接宋词的脉流而注入到现实语境并潺潺进入人的心里，像一方中药滋养魂灵。这首诗共三行，第一行绘景，第二行写人，第三行造境。每一行看似简单却蕴含丰富，有一种深远博大的东方美学与哲思的智慧若隐若现其间。寥寥数句就把诗贵有的精妙和人世的因果轮回统摄，读之感觉大气，读罢意犹未尽。"

李　东：《灰喜鹊》出版后被称为"最牛诗集"。关注您的读者不难发现，后来您的书可以买到了，但是从大众的角度来看每一本定价都不便宜。在网络阅读不断占领纸质阅读份额的当下，您为什么还要"一意孤行"这样做？为什么不把定价低一点让更多人购买阅读呢？

何三坡：其实，老早也都说过了，我不关心大众，大众也不必关心我的诗歌。我们鸡犬之声相闻，老死不相往来，不是挺好的吗？天下熙熙，大众忙死，就不要耽误大众的好时光了。再说，我只是写了几本没用的闲书，几句草木句子，只想给几个闲人读，没想取悦他人，要是卖得像麦当劳肯德基，我看着也会难过、汗颜。还是形同陌路各不相扰为好。

李　东：在当前这样快节奏、娱乐至上的时代，您觉得文学环境如何？诗歌还可以以何种面目生存下去？

何三坡：我记得尼尔·波兹曼说的是"娱乐至死"，比起死来，我以为诗歌还是贪生，还想安静地活下去。而且，作为一种缓慢之物，它可以不必去追赶时代这辆急速奔跑的车子。

环境重要吗？其实也未必。吴冠中先生说：如果你是最好的艺术家，即便将你种在水泥地里，你依旧可以开出花来。

只要你不去急吼吼地求名，面圣，去成为呼风唤雨的大人物就好了。国家不幸诗家幸，赋到沧桑句便工。甚至，历史地看，好像越糟糕的环境对文学越是不无裨益。魏晋一朝风刀霜剑吓死人，可恰恰是那样严酷之中，天才横出，不可一世。

至于诗歌的存在价值，我相信是千千万万人的疑难。

我的答案是，这一生的尘土，它需要一场风。不是么？

而且，即便没有人读诗了，诗歌还可以变成民谣或者摇滚，它还可以安静地，嘶吼地生存下去。

"诗人与作家的信仰是真善美"

李　东：诗歌是可以变成民谣摇滚，但毕竟是极少的一部分。我想知道的是，在一个物欲横流的今天文学存在的价值究竟如何体现？换句话说，对纷繁、强大的世界，文学应持何种态度？

何三坡：我说过，几乎所有强大的蓬勃的力量，都在蔑视、摧毁文学，比起这些强大的蓬勃的力量来，文学是幽微的、柔软的、缓慢的、天真的、复杂的、笨拙的、深奥的、沉默的、羞涩的、灰暗的，甚至是无用的事物，但它有智慧，从容，有耐心，它知道"那些全速奔跑的，既没有脑袋，也没有心灵"（叶芝语）。

它愿意留下来，席地而坐，懒散地舒展它的身体，它的美曾经伤害过那么多人，现在，它一如既往，轻笑着，瞎胡扯，有时候它自言自语，像那个秘密的土地测量员，在城堡外踱步，享受自己的光阴，或者它兴致勃勃，说起堂吉诃德带着桑乔怎么大战风车，而不是去买股票；贾宝玉跟姑娘们一起厮混，而不去考公务员；小王子与一朵小花谈心；王二喜欢跟陈清扬通奸。押上刑场前的阿Q在地上画圆圈，怎么也画不圆……它不去关心英国女王手上的钻石有多大，布兰妮是不是穿了短裤，潘石屹盖了多少房子。面对广大的物质生活，它是莫尔索，显得像个局外人。

这就是文学的态度。它愿意躲着那些忙乱的人民，坐在一间小屋子里，泡一壶茶或者咖啡，叼一支烟，铺开一张稿子，去说起另一种"可能的生活"，它可能是快乐的生活、伤心的生活、独特的生活、丰富的生活、幽默的生活、嘹亮的生活、绝望的生活、饱经沧桑的生活、涕泗横流的生活、无法无天的生活、莫名其妙的生活、毛骨悚然的生活、离经叛道的生活、空穴来风的生活、梦寐以求的生活，抑或是滑稽的、荒唐的生活，它诉说我们心灵的悲喜与明暗，尘世的美好与艰难。

如同萤火虫提醒夏夜，明月提醒夜空，秋天到来之前掉下的一片叶子。它提醒的是我们每个人这一生都仅能拥有一次的生命。它窃窃私语，发出一些细微、快乐的声音，就像布罗茨基的那匹黑马，来我们之间寻找骑手，它在寻找它自己的听众与读者，它自得其乐，安然得很，一点也不羞愧。

李　东：诗人与作家需要有信仰吗？如果有，信仰什么，如何去信仰？

何三坡：信仰是一个外来词，最早来自一句梵语 sraddha。可见，我们这个民族是没有信仰的。在唐代一部佛教百科全书《法苑珠林》中有"生无信仰心，恒被他笑具"之句，意思是说：众生如果没有信仰之心，常被鬼神嘲笑、侮辱。

但我发现最形象的说法来自基督教，说是，神在造人后，发现泥做的人总是软弱的，一经风雨就会倒下，于是神在人的背上插了根脊梁，这根脊梁在人遇到无论多大的风雨、多深的坎坷，终可以让人类屹立不倒。这根脊梁就被称作信仰。

诗人与作家的信仰是真善美。这应该是他们的脊梁。

从前，孔丘信仰的是：治国、齐家、平天下；张载信仰的是：为天地立心，为生民立命，为往圣继绝学，为万世开太平。这些都好高骛远，太大太玄了，终究都成了丢盔弃甲的笑谈。还是真善美朴素。梭罗说，简单、简单、再简单一些吧。

李　东：您说诗歌是一种缓慢之物。很多年前，您还提出要过一种慢生活。具体是一种什么样的生活？这些年，您是否坚持下来了？

何三坡：八年前，我在博客里说，我尝试过这样一种生活。归结起来，有以下几点。

1. 吃简单的食物。

2. 穿棉布衣服。

3. 不买轿车。

4. 尽量不结婚。万一结了，千万不要生孩子；万一生了，千万不要让孩子去学校。

5. 不为任何单位工作，只做自己喜欢的工作。

6. 每天散步。

7. 冷水浴。

8. 尊重自然,带动身边的人爱护环境。

9. 与人为善。帮助穷人。

10. 拜访几个古人,多读几篇童话。

这样做的结果是,你一生有漫长的光阴,可以读点闲书,喝点小酒,与好兄弟闲谈。好像,我大部分坚持下来了。

"真做学问的智识者只能走流沙"

李 东:您之前说:"官家的杂志,早已沦落为上等青楼了,几乎是中国三流文人的集散地,平庸文字的天堂。"您觉得造成这种局面的原因是什么?

何三坡:我是一个有点洁癖的家伙,基本上不去"青楼"。让一个不去"青楼"的人谈"青楼",相当于让一只掉在井里的青蛙谈海市蜃楼。

李 东:您还说过:"只有把诗歌写好的人,才配去做作家;而不会写诗也不愿读诗的人,只配叫写字师傅。"在您看来,诗歌是艺术中最高的艺术?如何去界定一首诗歌的好与坏?

何三坡:最高的艺术?好像是,要不怎么说皇冠上的明珠呢?照我狭隘的见识,人世间,除了诗歌,好像只有美酒、佳人,还能让人去怀想、去传诵了吧。

但我不是中国好诗歌节目负责人,也不关心诗歌的标准。内心当然也有界定,但以为不可推己及人。前几天看见一个叫费舍尔的家伙说:"艺术是一种鲜活、积极的爱,它是分享,它是亲密。是把人从一种经验中带往不同经验的方式,让你能通过别人的眼睛来观看这个世界,并将带给你更多的其他体验;它也是艺术家创造的能够帮助人们观看与感知世界的语言。艺术就是要把我们带离日常生活,把我们带到与日常生活不同的关系中去。"我觉得费舍尔的说法不错，也大抵适用于诗歌。

李　东：您对屈原、杜甫怎么看？在中国历史上，您喜欢什么样的作家与诗人？为什么？

何三坡：他们俩都是苦大仇深的家伙，对生民怀有巨大的悲悯心。我说过，悲悯心是一块基石，会确立伟大与渺小的界限。因此，在文学史上他们都有坚不可摧的地位。但老实说，我从来也没有喜欢过这两个伟大的苦主，我只喜欢李白那样的顽童，陶渊明那样的酒鬼。

人世短得如一声叹息，为什么要去做一枚苦主呢？而且，据我观察，苦主都容易为了国家和皇帝患抑郁症，而一旦变成了抑郁症患者，就会有药不吃，有觉不睡，有恋爱不谈，有快乐不要，有生命不珍惜。

我热爱的是另外一群人，他们叫庄子、叫陶潜、叫孟德斯鸠、叫塞万提斯，他们没有患上这种抑郁症，他们洞悉了智慧的趣味，都是些欢脱的家伙。

李　东：您的诗歌中，充满了道家的仙气与佛家的禅意；而在您的一些言谈中，对儒家文化充满了鄙薄与排斥。我们知道，儒家文化在我们这里是正始之音，我们应该如何对待儒家文化？

何三坡：这些年，孩子读经，成人祭孔，大学中开国学班，坐着的全是老总。《百家讲坛》上国学汹涌，仿佛突然间我们开始尊重了文化似的。但细一打听，就发现很荒唐，诸子里只请孔子，百家中只说儒家。老子、庄子、墨子、荀子、惠子、鬼谷子、韩非子们都被门卫挡住了。说校方不邀请没有身份的人。诸子们只好叹息摇头，各自回家去。

难怪当年孔子三拜老子后，老子吩咐庚桑楚备马而逃，毕竟打忠君治国幌子的要去庙堂，真做学问的智识者只能走流沙。

照我几十年的读书经验，儒家的核心是秩序修为，解决的是世道人心，在法制时代已经相当腐朽了。比起道家佛家来，它甚至都算不得一门学问。所谓古宅生鬼，老树成精，我不知道这块忠孝节义的裹尸布怎么会又被打开，台上台下的人何以那么兴致勃勃。

"文学不是建造大厦、修筑长城"

李　东：诗人周公度曾说：长诗验证一个诗人的愚蠢等级，并说在读完您的短诗集《灰喜鹊》后，更坚定了这个想法。但我们知道，中外都有许多优秀的长诗，像帕斯的《太阳石》，泰戈尔的《吉檀迦利》，都获得了诺贝尔文学奖。您是否认同周公度的说法？您如何看待长诗写作？

何三坡：据我所知，诺贝尔文学奖奖掖的是一个作家的一生的文学成就，帕斯和泰戈尔也必然不是因为长诗而获奖。而且，今天，泰戈尔还能让我们看得下去的恐怕是他的《飞鸟集》《新月集》，帕斯能让我们读下去的也是《遥远的邻人》和《乌大浦之日》那样的短章。

文学不是建造大厦，也不是修筑长城，而在于它是否可以让我们在人世的光阴得以片刻停留，是否可以让我们怜惜一点美。

长诗不只是一种愚蠢，而且是一种疾病，我没有对付一场疾病的持久的耐心，远离长诗，是因为我珍惜生命。

李　东：在中国文坛您觉得什么样的文人是幸运的？什么样的文人是一种不幸？

何三坡：幸运与不幸只是个世俗判断，这样的判断没有什么价值。按照这个世俗判断，王小波那样的文人就很不幸，写了那么多年，总在艰难困苦里，几乎无人问津，直到一命呜呼了，作品才得以面世、流传。而生前，几乎没有得到过一个批评家的肯定，没有收到一个读者的来信，没有得到过应有的殊荣。但谁知道呢？也许他自己的感觉适得其反，一生写了那么多有趣的东西，已经相当圆满了，还有什么比艺术创造更能让自己快乐的？相反的例子倒是比比皆是。比如郭沫若，比如余秋雨，生前就被捧为大师了，幸运得很，可说不准用不了多久就被人鞭尸。所以说幸运与不幸的这个说法是靠不住的。

李　东：最近几年，诗歌类大赛征文不断增多，奖金的设置似乎也出现了暗暗较劲的态势、据我所知，有诗歌征文一等奖奖金已多达五十万元。但值得注意的一点，征文都要求围绕一个主题，或弘扬地域文化，或赞扬品牌口碑。您如何看待这样的现象？

何三坡：听你这么说，我意识到每个地方政府都混成了财神爷，而诗人们都还是在做孔乙己。我对世界知道得不多，要真是你说的那样如火如荼，我的心就会拔凉拔凉的。诗人本该是贵族，怎么沦落成了孔乙己了呢。

"每个人的故乡都在沦陷"

李　东：有人说故乡是创作源头，也有人说现代早已没有了故乡。作为诗人，您如何理解"故乡"？

何三坡：每个人的故乡都在沦陷，我的故乡在一朵白云上，在月光下，在一壶红酒里。

李　东：2014年，您因为荣获"第六届丰田环保奖"，专程去了一趟日本。您眼中的日本是怎么样的？

何三坡：我看到那里活着的是中国的唐朝人、宋朝人。温文有礼，高贵至极。跟我们主流文化中的丑化的截然不同。它让我理解了一个真理：百闻不如一见。

李　东：从您的诗歌和一些访谈答问里，我捕捉到了陕西元素：羊肉泡馍、岐山臊子面，更甚者提到一位被您称作"中国最好的音乐家"的老人。可见您对"唐诗的故乡"是很有感情的。请您谈谈对陕西这个非故乡也非居住地的地方的印象。

何三坡：我不止喜欢陕西的美食，还喜欢我见过的每一个陕西文人，我常常与他们冠盖相倾，一见如故。这几天，还有一位读者说，她最喜欢的是我的诗歌和许巍的摇滚，而许巍恰恰也是西安人。我要说，我与陕西有着奇妙的情感。有一年，去了一次西安，回到北京后，连续做了一个月关于唐朝都城的大梦，真是太怪了，我怀疑上一世生在长安，估计是宫中的一株银杏树，或者只是它的一片叶子。

李　东：对于一个全新的地方，您最先关注的是什么？是文化背景、自然环境、独特美食还是其他什么？原因呢？

何三坡：是车子，看看是否有接我的人。这么说不太正经。作为一个吃货，关注的是美食。一想起西安的羊肉泡馍、太原的皇后面、郑州的羊肉汤，就会心生欢喜，就能看见我们最古老的文化热气腾腾。

至于环境，就难免让人难为情，在一头怪兽面前，环境不堪一击。我要说这个国家，文盲实在太强大了。

"天下的诗人都是好基友"

李　东：您博客《诗人是一种神经病》一文，以网络红人余秀华为切入点，从诗人们奉为"殿堂级"的《诗刊》到当前国内一些具有影响力的诗人"调侃"了个遍。您和这些诗人关系如何？您为何选择这样一种方式对一个偶然的诗歌现象发声？

何三坡："殿堂级"的《诗刊》？"最有影响力"的诗人？听上去问题很严重啊！是要拉出午门斩首，还是要搞电击疗法？我可以说天下的诗人都是好基友吗？

李　东：同样在这篇文章中，您还使用了"男诗银""赶脚"等网络词汇，您对新事物都比较包容和能够接纳吗？

何三坡：本王也想阻止新事物来着，但大爷我做不到哦。

李　东：如果没有微信，余秀华不可能这么迅速"走红"。诗歌随着微信迅速传播，也因此有人说"诗歌将迎来新的高潮"。对此，您持怎样的态度？

何三坡：通常，高潮是这么叫喊来的。需要我为他们鼓掌吗？可是，这跟我有什么关系呢？真是汗死了。

李　东：您是先做了"新锐导演计划"评委，之后才自己准备当导演的。在没有导演经验情况下胜任导演的评委，作家有什么样的优势？

何三坡：要是诗人和作家都不能去电影界当评委，那电影界就只能让文盲和流氓们自撸了，你觉得他们有什么样的优势呢？

李　东：当前中国电影有一个普遍现象：有口碑的票房差，有票房的骂声多，口碑与票房俱佳的少之又少。您要做了导演，是先考虑口碑还是票房？您认为这种错位如何解决？

何三坡：被人骂了，但赚钱了；被人点赞了，但赔钱了。如果只有这两部电影，这还就错位不了了。但我万一是那个赚了钱又被人点赞的呢？又如何解决？

李　东：在大众看来，电影已经属于娱乐范畴，您说要把诗歌带到电影里去，这个如何体现，是通过镜头、诗意的对白还是其他什么方式？

何三坡：嗯，通过一个熟人，一个从未谋面的家伙。

李　东：最后一个问题，您为什么要写诗歌？

何三坡：我为什么写诗歌？这如同问一个孩子，为什么在月亮地里奔跑，而不去灯下做作业。我猜想他奔跑久了会飞起来，会飞过村庄、田野，飞到离大人们很远很远的地方去。此时，明月当天，万里空明，大风将他与尘世愈推愈远，直到所有的问题都找不着他。

访谈时间：2015 年 5 月

马萧萧：从校园诗人到军旅诗人的华丽转身

马萧萧，湖南隆回人。1970年6月出生。1989年3月特招入伍。十三岁开始发表作品，出版各类著作近二十部。曾获首届中国十大校园诗人奖，首届中国十佳军旅诗人奖，首届中国人民解放军出版奖，第九届全军优秀文艺作品奖，第四届全国优秀妇女读物奖，第一、四届黄河文学奖，《飞天》十年文学奖等。入选首批"甘肃诗歌八骏"。水墨作品多次参展并在国内外出版画册。

曾经"校园诗星"今何在

李 东：马老师您好！您十三岁发表作品，十五岁创办全国第一家中学生自办诗报，更是被誉为80年代中国校园诗坛领军人物，成为诗坛"明星"。您能介绍一下当年的中学生校园诗歌创作概况么？现在回想起来会是一种怎样的心情？

马萧萧：80年代确实是一个诗歌的年代。黄河出版社出版的由姜红伟编著的《八十年代校园诗歌运动备忘录》一书中，我的名字出现了近二百次。当年的校园诗人，现上海大学教授、博士生导师、著名评论家葛红兵在序言中说："20世纪80年代中学生校园诗歌运动是少数可以用辉煌和伟大两个词来形容的历史事件，然而也是被遗忘甚至故意忽视的事件。20世纪80年代中学生校园诗歌运动是20世纪80年代新启蒙运动的重要组成部分。新启蒙运动经历了由高层知识分子而'大学'、'中学'进而'全社会'的铺展过程。20世纪80年代中学生校园诗歌运动处于新启蒙运动全民化过程非常重要的环节上，是中国'新时期文学'诞生期最重要的文学事件之一。"那时节，全国各地数以千万计的中学生诗歌学爱好者遥相呼应，在世界文学史上、中国校园内外掀起了一场声势浩大、史无前例的中学生校园诗歌运动。它是中国当代诗坛继"朦胧诗""第三代"之后又一场非常重要的诗歌运动。

当时，全国有数以千计的校园诗歌社团，和数以千计的校园诗歌刊物，我当时还创办了全国第一家中学生自办诗报《青少年诗报》；包括《诗刊》在内的各大报刊竞相刊发少年诗人作品，一些出版社推出了中学生诗歌选集与个人作品专集，全国校园诗赛、少年作家笔会频频举行；北京大学等名牌高校还破格免试录取了中学生校园诗人、作家中的一二十名佼佼者。在上百万名中学生诗爱者参与的投票活动中，姜红伟、江熙（他现在叫江小鱼，是电影导演、编剧）、马萧萧、南岛、叶宁等被评为首届中国十大校园诗人。"神童诗人"田晓菲，十五岁就被北京大学免试录取，十九岁就成为哈佛大学的博士研究生，现在是该校教授。著名诗人、《诗刊》原主编叶延滨对我们的评价是："洪烛、邱华栋、马萧萧等少年诗人的作品，为过于沉重的八十年代诗坛增添了明丽的色调。"那是多么甜美的时节，现在回想起来都觉得它甜美得有些荒唐，真不敢相信它曾在历史上、在自己的生命中实实在在地闪现过。

李　东：自90年代经历社会转型之后，这批校园诗人的近况如何？

马萧萧：当年数百万的少年诗爱者，只有我和少数人一直在文坛坚持至今。洪烛、李皓等十余人至今仍活跃于诗坛，而邱华栋则"转业"为小说家了。其他人呢，有的成了学者教授、导演编剧、出版家、企业家、政府官员等等，在各行各业大都干出了一番事业。这些少年才子们仍如一颗颗明珠，在五湖四海乃至大洋彼岸，以不同的方式闪亮着各自的光泽。那光泽仍不乏浪漫与激情，却也陡添了几分沉重与沧桑。不知不觉，我们已在社会的逐步转型和市场经济的考验中，走到了青春的尾巴，走在上有老下有少的空间里，走在生活与事业的双轨上，走在诗与非诗的夹缝中。在我看来，一个一辈子从未爱诗、从未写诗的人，是遗憾的；一个一辈子都只爱诗、都只写诗的人，亦是遗憾。人生易老，世事纷繁，每个人都想开心，每个人都有诗之外的很多重要或不重要的事情要做。那些已游离于诗坛之外的兄弟姐妹，我相信并祝愿他们虽已不写诗但心中还有诗，犹如一个不拜佛的人心中却有佛一般。

李　东：少年成名，这对您后来的创作有怎样的影响？

马萧萧：一方面他给我带来了较大荣誉，同时也给了沉重压力。2010年1月，在西安举行的首届中国十佳军旅诗人颁奖典礼上，陕西电视台记者吕云要我谈谈获奖感受。我说，这次颁奖，名称没用十大而用十佳，这个佳字，我很敏感。"小时了了，大未必佳。"从十六岁获得首届中国十大校园诗人奖，到今日又获得首届中国十佳军旅诗人奖，这中间的二十三年里，一个"佳"字，一直是我的一块心病。古人早说过，少年成名是人生的几大不幸之一，甚至还说是人生的最大不幸。对此我深有同感，但却一直不认此命。在西北从军的二十多年日子里，我一直担心江郎才尽的故事在我身上重演，内心所承受的压力一言难尽。这二十多年，前十年我淡出诗坛，潜心于修炼诗外功夫，之后又继续坐着十来年冷板凳，默默打造着自己的长诗《中国地名手记》等。而今，我是否已真正实现了自己从十大校园诗人到十佳军旅诗人的成功晋级和华丽转身？心中尚有疑问。但稍感欣慰的是，万幸自己已不是那个被千夫所叹的仲永。

诗歌左右了人生轨迹

　　李　东：当年有许多校园作家因为才华出众被大学破格录取，有一些至今仍活跃在文坛。而您却是被部队特招，这其中有什么故事吗？

　　马萧萧：我上中学时，地理、历史、语文等成绩尚可，其中，地理成绩较突出。而数学、外语等就很差了，是全班的倒数。毕业前夕，市、县文化部门还有省作家协会的副主席、著名评论家李元洛把我向重点大学湘潭大学做了推荐。之所以没有联系北大、武大这样的名校，当时是考虑到湘潭大学就在本省，似乎把握更大些。该校先后两次派人到我就读的隆回二中对我进行了考察，并组织六位教授进行了面试，决定破格免试录取。与此同时，邵阳市委也向湖南省委发去了"破格录取了马萧萧"的快报，省委副书记、省长刘正同志做了批示，无奈省招生办碍于体制，考虑到本省尚无先例，未能"开口子"（湘潭大学虽然也是重点大学,但它由湖南省教委代管,自主权相对小一点)。我只好到湘潭大学自费就读。第二年春,经中华全国总工会副主席周玉清同志推荐,兰州军区驻陕某部徐兴将军破格接收我入伍,后来又破格提干,调到了兰州军机关从事文学编辑、创作工作。说起来很有意思,当年我拿着推荐信投奔徐兴将军时,从湖南老家带给他的礼物是几斤雪峰蜜橘。而将军有所不知,这袋蜜橘原本是有十来斤重的,火车上我不知不觉吃掉了一小半。前几年专程去西安看望他时,说起此事,两人哈哈大笑。唉,如今社会,哪位诗人想要像我一样遇他们这样的贵人,恐怕已是一件很困难的事情了。没有他们的无私帮助和殷殷教导,就不可能有我的今天。

李　东:是否可以说写诗改变了您的人生轨迹?诗歌(文学)在您生活中承担着怎样的角色?

马萧萧:也许是自己少年时代内向、忧郁、敏感的性格决定了自己更适合写诗吧,总觉得自己有话要说,总觉得说出来不如写出来,就这么一路写了下来。而且诗歌创作也不断给我带来一定的荣誉,也让我在现实的纷繁生活中找到了一个情感的出口、一轮精神的月亮,诗歌待我不薄,诗歌对我有恩,我越来越喜欢它,越来越爱它,它成了我的"宗教",成了我的"呼吸",我与它融为一体了,再也分不开。诗歌,确实在一定程度上左右了我的人生轨迹。

不断打造诗外功夫

李　东:《中国地名手记》被认为是您的代表作,您认同吗?这部历经十余年,反复修改、删减的诗歌作品,也体现出您过人的才华和严谨的创作态度。那么,您创作该诗的动因是什么?

马萧萧：算是我的代表作吧。我从小酷爱地理，上中学时，便能把中国地图上的行政划分、山川湖海倒背如流。"写遍中国"，一直是我的野心。另外，地名是历史、文化、文明信息的载体，与姓名一样，同属名称文化范畴，我多年研究姓名学，甚至被誉为取名专家，从地名里挖掘诗意，也便是顺理成章的事儿了。自2000年开始，我用整整十年时间创作了一部词典体长诗《中国地名手记》，这部长诗以中国三千多个地名为题，由两千多首也可以独立成篇的短诗组成，每首诗书写一个地名或多个地名，主要从这个地名的文字本身所蕴含的文化去书写。当然，出版时我把它做了大幅度删改。当时写的时候是拼命往长里写，一直写了六万行，出版的时候我是拼命把它往短里压，一直压到了六千行。这样做的效果还不错，长诗的质量得到了一定保证。书出来后反响还可以，很多著名诗人和评论家都给予了肯定。有的认为我这部长诗在恢复汉语诗歌创作的高难度写作方面、恢复汉语诗歌创作的高技术写作方面，起了一个带头作用。不过我觉得只是抛砖引玉而已。还有的认为这部长诗是"一部不可模仿、无法复制的奇书"，这个评价太高了，我认为是他对我的一种鼓励。

李　东：我在网络和您的博客读到大量对您诗歌的评论文章，作者多为著名作家、评论家，也不乏知名诗人、普通读者，而且评论几乎全是赞扬，您的内心有没有因此膨胀过？作为创作者，您如何看待外界这样的评论？

马萧萧：谁能不在乎外界对自己的评价呢？应该承认，我也有膨胀的时候，但总体上是淡然的，有足够的理智和警惕。那些被"捧杀"和"美杀"掉的诗人，一直是我的反面教材。我是学《周易》的嘛，《周易》的核心理念就是天人合一、居安思危。

李　东：对于作家而言，都希望写出传世之作，这也就意味着创作中需要不断自我突破。作为已经具有一定成就的诗人来说,您为此做过哪些努力?

马萧萧:文学创作,一是要求作家有出色的天赋,要有对生活的敏锐的洞察力,要有对语言文字的超强的驾驭能力。二是要有旺盛的激情。要守住自己的童心,加强自己的爱心,巩固自己的热心。三是要有坚强的定力,要耐得住寂寞,要耐得住清淡甚至是清贫的生活,要耐得住长途跋涉的酸苦。三十年来,我写诗约三千首,自己略感满意的不到三百首,真正喜欢的恐怕也就三十首。如若有人能喜欢其中三首,我便已知足。功夫在诗外,我所做的主要努力,就是不断打造诗外功夫。这,无非就是读万卷书、行万里路,不断拓展自己的视野,丰富自己的学识。比如,这些年我研《易》、绘画、赏石,受益匪浅。

李　东:是的,我知道您对易学颇有研究,这对您做人、写诗有着哪些影响?

马萧萧:一个诗人年过四十竟然还在写诗,是可喜,不可耻,而一个诗人如果年过四十竟然还不会做人,既可悲,又可怜。做人与作诗的和谐关系,一直是中国诗人两千多年以来都未能完全处理好的一大难题。多年前,我曾与诗人张后有过一次访谈。他问我:"我们一般都将《周易》称为玄学,你研究《周易》最大的体会是什么?对诗歌有怎样的助益?"我的回答是,不少人认为周易是用来算命和预测吉凶的,将其斥之为封建迷信,这种看法是极其错误的片面的,是会误国误民的。《易经》是群经之首,包涵"象、数、理、占"四部分,而"占",只是其一。"封建迷信"这四个字非常可笑,其实迷信在封建社会以前就已出现啦。易学,重在对天地人三者和谐关系的辩证。用《周易》来做预测,确实很灵验,但一个热衷于算命的民族必将衰退,而一个能从《易经》中悟出天地人之和谐大道的哲学家、政治家、军事家、企业家等,必可大成其功。遗憾的是,我们对天地无知无畏,对传统自暴自弃,而国外对我们这些精粹就很感兴趣:韩国国旗上,有太极图；日本明治维新时，不通《易》者是不能入内阁的。君知否，人类目前还只能看到宇宙中百分之五的物质，此外还有百分之九十五的暗物质存在，科学还很嫩。我们国家，地大而物不博，人杰而地不灵，正是运用《周易》"趋吉避凶，居安思危"的和谐理念，才使几千年的文化没有中断。与《周易》相比，诗歌实在是太小儿科了。《周易》是诗歌之源，其间的爻辞，是中国诗歌的胚胎，是东方最古老最神性的诗篇。历代大诗人中，通《易》者多多。易学修养，可以提升诗人的学习力、创造力和生活力。它不但能增强诗歌的神性、灵性、磁性和兼容性，实现诗人对语言自身功能的完善，还可以使诗人在纷繁生活中注重心灵的成长、行为的检点，实现诗人与自然、诗人与社会、诗人与生活的自觉谐调。有人说，未来最富的人必是通"巫"之人，而我认为，内宇宙最博大最健美的诗人，必是有意无意地通《易》之人。

文学创作没有程序性可言

李　东：当前文学环境不同了，因为一些诗歌事件，很多人一提到诗人，仿佛就是不正常的人，甚至有人以"诗人"作为讽刺，诗人的地位显得有些尴尬，也引发许多关于诗人存在价值的讨论。您认为在物欲横流的当下诗人何为？

马萧萧：人生的一个很重要的关键词便是"出入"。一个拥有"出入证"的人，才是自由者。比如，你进我们戒备森严的军区大院，就得办出入证。有了这张出入证，你才能自由通行，才能找到我。一个诗人，只有办好了属于自己的那张出入证，才能在人生道路上、创作过程中，实现自己的自由飞翔；才能享受精彩的诗外生活，才能拥有扎实的诗外功夫，才能生活得脱俗而不清高，才能生活在浪漫之中而不是乱麻之中乱码之中，才能为诗丰而不是为诗疯。我赞同于坚所说的"像上帝一样思考，像市民一样生活的话"。

李　东：您的水墨画也在文学圈和书画界有了广泛影响，受到追捧。您是什么时间开始画画的？您的水墨画和诗歌一样大气开阔，这两种艺术形式有怎样的内在关系？

马萧萧：应该说是一种互通、互补、互生的关系。在我十三岁发表诗作的前一年，我在那座充当学校的马氏宗祠里，忽发奇想，无师自通，"绘制"过连环画《蚂蚁战》一百多页，保存至今。但此后便再未涂抹，虽然自己在编辑部也曾长期兼任过美术编辑。及至2006年我办公室搬到了几位专业画家的对面，才于"诗情"之中重拾"画意"，且一发而不可收。纷繁人世，我愈发坚信，"诗情画意"乃吾辈的四字真言。诗为时间艺术，而画当属空间艺术；诗画兼修者，左右大脑得以双模双待，灵与肉也在外宇宙里潇洒联通并自由移动。诗画交融，时空在握；相比当初单纯的诗人身份，自感对这个爱恨长存的世界又看清了几分。无线时代，我对传统国画的所谓线条，不予全盘否定但从不完全依赖，一如我现在更多使用的是移动电话、无线上网卡、Wi-Fi一般。万物类同，每个人，每一物，都是信息载体，都有接收与发射的号码和密码乃至开关；这世界的内芯，原本便是一股无形的元气、真气……我所做的，便是通过水与墨的协调，将这股生气引入画幅之中。在这个没有国花、国树、国石的国度，中国画这个名称看似荣光，实则衰矣危矣。那些拼命设计呀、重复呀、不读书啊、迎合大众与评委呀，不懂立意，不会命名，无力创新笔墨技法、水墨语言、材质性能，笔下鲜有文化味与学术性的画家们，他们理不清历史经典与时代风尚的递进关系，弄不明个人经验、国家经验和全球经验的交融秩序，一个个早已沦为十足的画匠。大多只知营构出便于参展的大尺幅来追求视觉冲击力的作品，似如光线（或沙粒）一般打入了观众眼里，难如光明一样打亮观众心灵，在照相机、录像机、显微镜、望远镜、航海潜海器、航空航天器等工具为人类所带来的视界新关系面前,在西洋画、现代水墨、实验艺术与动漫等多路联军的夹击下,传统中国画即使有九条命,我看也早已死掉了五六条。传统中国画的程式化问题,确已成为它发展的一大桎梏。它的前途,恰是一条与中国戏剧毫无二致的没落之路。中国画当属水墨范畴,而水墨者,应以水为先。千百年来历代名家已将笔法与墨法发挥到极致,唯有水法,尚有极大开拓空间。虽然单靠水法远不能彻底拯救国画,但它所造就的面目,确实焕然一新。多年来,我研之习之,略有收获。文字与货币和度量衡一样,有其国家甚至国际标准,乃神圣之物。所以我说,书法必须守法,只允许轻微违法,切不可胡抹乱画。而世间景象,无奇不有,千变万化,常态与非常态者,平视所见与俯仰所见者,肉眼所能见与肉眼所不能见者,乃至于梦境、幻觉、错觉等等,均可入画。所以我又说了,国画万勿循规,最好严重违规。或描具象,或舒气韵,或述理念,或表技艺,只要能于纸上形成高于生活的新美视觉,无一不可。而能将其集艺术之美、哲学之理、人性之光等于一体者,当为巨匠。功夫在美院,而大功夫在画外。我万幸自己未有学院之缘未染学院恶习,一张白纸从心画起,无法无天且自鸣得意。我的这些绘画体会,既建立在自己的诗歌创作理念之上,同时也作用于自己的诗歌创作。

李 东:从您作品中明显可以感受到西北大地的广袤无垠,以及超越大地之上的情怀。请谈谈西部这片"精神地理"对您创作的影响。

马萧萧:大西北,是花儿和信天游的故乡,是边塞诗与"新边塞诗"的摇篮。这里有神奇壮丽的雪山、冰峰、草原、大漠,有深厚雄浑的历史文化积淀,有多姿多彩的民族风情,有可歌可泣的军旅传奇,是文学创作的富矿。著名新边塞诗人章德益说:"充满灵趣、灵思与灵感的马萧萧的诗,是一种由湘人灵慧的巧思与西北旷远的山川悠然契合的产物。这种混融有绮思与野趣的小诗,一篇一篇都是意象的撷选、巧思的造型与人像的显影,它们流自一个带有童心的军旅诗人内心深处,恰成为中国犷悍雄烈的军旅诗的一个补充,一个在刀光剑影之外的多声部的奇妙和声。"章老师对我虽然是过奖了,但确实也道出了我的作品和我所在的大西北的联系。感谢故乡那一片山水里充溢的灵气、神气与巫气,在我稚嫩的身体里安装了最初的诗歌地理软件。更庆幸,南国故土之秀雅与西陲军旅之沉雄,逐步铸就了我性灵的合金。

李 东:甘肃涌现出了许多优秀诗人,是诗坛的重要力量,继"甘肃小说八骏"之后评选出的"甘肃诗歌八骏"也受到广泛认可,并成为重要文化现象。这也使我想到曾引起中国文坛巨大震动的"陕军东征",以及"广西三剑客"等等,作为"甘肃诗歌八骏"之一,您如何看待文坛这种"集群现象"?

马萧萧:这是一种集团冲锋的方式,是一种品牌意识的觉醒。事实证明,它既有利于赢得当地政府尤其是宣传文化部门的支持,也有利于诗人、作家自身的成长进步。但说到底,这只是一种文学现象、一种运作模式,任何诗人作家,最终都必须拥有自己独立存在的实力。

李 东:在文化多元化的当前,诗歌写作显得异常庞杂:诗与非诗、好诗与坏诗的界定似乎越来越模糊。从编辑的角度来讲,当前诗歌的评判标准究竟是什么?

马萧萧:文学创作没有程序性可言,不可能有一个明确的国家标准、国际标准。在我看来,什么形式、什么题材、什么手法、什么风格,都是可行的,也都是次要的,关键在于作品思想性与艺术性的完美体现与结合。好的诗歌,一要有语言的贡献,诗人是普通人,但不能说普通话,要能从中看出诗人对语言艺术的求索与创新,看出诗人对语言自身功能的不断完善;二要有人性的呈现,比如,传递真善美的情怀,给人以心灵的慰藉，等等；三要有全球的经验，在文化既趋同又多元的当今，诗人应在古典与现代、东方与西方、外宇宙（大我）与内宇宙（小我）的"婚配"过程中，培育出优良作物。

增强精英人物与团队的权威引导力

李　东：新媒体加速了诗歌的传播，特别是微信出现以来，诗歌以各种形式在朋友圈"刷屏"。有人说诗歌发展迎来了新的发展机遇，对此您怎么看？您觉得当前诗歌创作环境怎么样？

马萧萧：微信对诗歌的推动作用，确实不可小瞧。从当初的网络，到后来的博客，再到早几年的微博，乃至发展到当下的微信（下一步肯定还会出现更新的媒介平台），诗歌这个独特的文学品种，很幸运地迎来了一个又一个愈加"宜居"的环境，便捷的阅读分享，使得诗歌在日常时空中大有自由展翅之势。但这种门槛较低、泥沙俱下的创作呈现，给人带来的审美疲劳和客观误导亦不容忽视，如何增强精英人物与团队的权威引导力，是当务之急。当今诗坛，平台五花八门，诗会隔三岔五，奖项多如牛毛，理论层出不穷，热闹的表现之下，诗人的自身修为和诗歌的艺术本质，大有"水土流失"之兆。普天之下，安安静静写作的诗人，越来越少矣！

李　东：每一本杂志都有自己的办刊理念。作为杂志主编，请您谈谈《西北军事文学》的办刊理念。受网络和时代大环境的影响，纸质刊物面临严峻挑战，最突出的表现就是读者锐减、杂志发行量严重缩水，您认为纸质刊物的出路在哪里？

马萧萧：《西北军事文学》是在军中拥有一定影响和地位的刊物，曾以长篇力作《西路军女战士蒙难记》《藏北游历》《通向世界屋脊之路》等蜚声文坛。诺贝尔文学奖得主莫言曾在本刊两次发表作品并向本刊推荐作品,茅盾文学奖得主李国文曾在本刊发表散文处女作,一大批诗人、作家从本刊起航。近几年,我们在办刊过程中,继续坚持积极推进军事文化发展,同时立志将其打造成文化战略时代的开阔读本,在栏目设置和稿件编发时也特别注重军民文化融合,这使刊物既立足于军旅,又走向了社会,发行量逐年上升,现已恢复到上世纪末前的水平。比如,我们2015年的订数,就比去年增加了五百多份,这个数字似乎微不足道,但在全国大部分文学刊物发行量严重缩水的现状下,我们这一点点进步,确实也来之不易,可喜可贺。说到纸质刊物的出路,大可不必过分悲观,它自有其不可或缺的存在理由。现在的纸质刊物(尤其是内刊、民刊),比以前不是少了,而是更多。几十年来,鲜有文学杂志停刊,虽然发行量难以复归理想状态。一些文学期刊,在上世纪为适应市场经济的挑战,在办刊理念上往通俗类、情感类、都市类刊物上靠,最后几乎没有几个成功的范例,逐步回归到了文学本身。网络时代、自媒体时代,大多数纸媒所做的应对,无非两点:一方面尽力向新媒体延伸、与新媒体互动,同时强健自身的筋骨,求精求深打造产品,并死死抓住新媒体难以作为的那些领地来发挥自己的优势。一生二,二生三,三生万物,世界有阴阳二极互依互生之理,相对属阴的网媒与相对属阳的纸媒,其互存互动之道,也恰将展现出一种生机勃勃的和谐图景。

李 东:您的回答无疑给创作者极大的鼓励和信心。对于创作,您个人还有怎样的规划?

马萧萧:我的词典体《中国地名手记》,还将予以长期增补、修订。另外,还有一部涉及易理、地理、艺术、宗教等内容的长篇随笔,正在构思。至于其他的创作规划,肯定会有,但目前还暂未考虑。

访谈时间:2015年11月

徐敬亚："准诗"的时代已经来临

　　徐敬亚，1949年生于吉林长春。著有《崛起的诗群》《不原谅历史》。主要论文有《圭臬之死》《隐匿者之光》《重新做一个批评家》等。1985年，入选《拉萨日报》评选的"中国十大青年诗人"。1986年，在深圳发起并主持了"中国现代诗歌群体大展"。2004年起至今，在《特区文学》主持"批评家联席阅读""十大网络版主联席阅读""网络诗歌抽样读本"等。2006年，发起并主持海南大学"诗歌月读"活动。曾获《星星》二十年诗歌奖、第六届《十月》散文奖、《特区文学》诗歌评论双年奖，2006年11月在黄山第三代诗歌纪念会上获"终身成就奖"。

学术最本质的缘起是感动

李 东：徐老师您好！三十多年前您写下《崛起的诗群》一文，时至今日依然被许多诗歌研究者反复提及，成了文学史中的重要文献，可见其对新时期诗歌发展影响之大。而写这篇文章时您还是一名大三学生，是什么原因促使您写下这样一篇具有前瞻性的诗论？

徐敬亚：后代人理解这个问题可能会有点困难。一个大三学生，不太可能啊，翻译成标准年龄，不就是二十一岁嘛。

不，我当时的年龄是三十一岁！比正常年龄整整超出十年。其实三十一岁的年龄已经是硕士、博士，或者大学老师的层面了。那多出来的十年，就是"文革"。

最近几天我正在写一篇序，是80年代大学校园诗歌的书。想了一个题目叫《站在两条彩虹的交点上》——那一代大学生是幸运的、罕见的。一条彩虹，指突然恢复的高考。一条彩虹，是突然涌起的诗歌热潮。我当时恰恰正站在那两条彩虹的交点上。上大学前我在一家豆腐工厂里烧锅炉，转眼间便坐到了大学课堂。突然站上彩虹俯瞰白云，那感觉真是太美妙。当工人前我还做过三年多的中学语文教师，因此各门功课对我来说都非常轻松。大学四年，我基本上成了一个全职的诗人。每天的任务就是读诗、写诗。

回想那几年，我的进展真够神速。大一的下学期，便发起成立了《赤子心》诗社。大二夏天，我的长诗《早春之歌》在《诗刊》上发表，还是头条。冬天，写出了我的第一篇评论《奇异的光——＜今天＞诗歌读痕》，很快就被北岛他们发在《今天》第9期上。写那篇评论根本没什么动机，只是因为读了诗非常感动。也是那个冬天，我紧接着又写了一篇诗歌评论《复苏的缪斯——1976—1979年中国诗坛三年回顾》。那篇文章更没有动机。"当代文学史"开卷考试，每人要交一篇小论文，一般同学都对付一下，写个一两千字。结果我一下笔，一发不可收，写了二万多字。授课老师很为难，以不懂诗为由把它交给了当时的副校长、诗人公木先生。老先生大赞，亲自帮我修改，后来推荐到了南宁会议。谢冕读了也激赏，来信甚至说他似乎看到了"中国的别林斯基"什么的……为什么能突然写出那么大块的文章，纵横捭阖地指点中国诗坛，其实连我自己都很吃惊。现在想关键还是由于阅读，阅读后的感动。那几年，我每天读诗，对中国诗歌的局面、动态与细节，了如指掌。不知不觉中，我已经站在了中国最高的学术观测视角之中了。这些，都成为《崛起的诗群》写作前的铺垫。

大三那年的 1980 年夏，我和王小妮一起参加了第一届青春诗会。这对我非常重要。在北京，我不但见到了艾青、臧克家、张志民、贺敬之、袁可嘉等大诗人、大翻译家，还见到了黄永玉、邵燕祥、韩作荣等中年作家、诗人，更重要的是会见了一大批心仪的青年诗人：北岛、江河、芒克、顾城、舒婷、梁小斌等。在我最需要打开视野的时候，眼前忽然洞开。而对于即将写作的《崛起的诗群》来说，那次的北京之行，无疑是一剂大补药和强心剂。在熟读了大量作品之后，又会见到了中国老、中青几代诗歌中坚，耳闻目睹了最前沿的诗歌创作理念。整整一个月，几乎为我展开了一次中国诗歌全景的大扫描，令我眼界大开。

回到长春三个月后，我才动笔开始写《崛起的诗群》。起因还是一个小考试。大三的学期末要交一篇学年论文。我便突然写起来，写了十几天零几夜，一发不可收，最后写了四万五千字。如果没有青春诗会，可能没有这篇文章。从这个意义上可以说，我可能才是首届"青春诗会"的最大收获者。

你的问题很好，这篇文章因何产生？在今天看来，这是一篇奇怪的文章。不是为了发表，不是为了稿费，也没有什么"学术成果"可言，更不是为了评定职称。图什么呢？是什么驱使一个大学生突然没日没夜地写出这么大一堆字？原因很简单：

感动。

学术这个东西，最本质的缘起，首先应该是感动。没有感动，没有对研究对象的倾心专注，一个人怎么可能产生深入探究的愿望，又怎么可能深入骨髓地追寻，他写出来的字怎么可能新鲜与原创。我当时虽然是一个普通的中文系学生，但我敢说我的诗歌阅读量，超过太多诗歌界的理论家们。同时，作为新诗潮的倾心参与者，我阅读中的兴奋与激情，几乎无人能比。

还有一点要说明，当年我写《崛起的诗群》还有另一个幸运。那就是我恰逢其时地碰到了一本书。正当我即将写《崛起的诗群》之际，与西方学术专著之间，发生了一次恰巧如期的美妙相遇——它就是意大利美学家克罗奇的《美学原理》。就是这一本枯燥的学术著作，我却读得津津有味，读得与作者气通神合，思绪万千……最后读到了物我相忘的地步。我一生都记得那种无限美妙的阅读：读到最佳效果时，完全忘记身边事，完全忘记段落、文字和前后逻辑关系之类琐事，头脑里一片通明，思如泉涌……常常出现这种情况，拿出前两天的读书笔记，我分不清读书笔记上哪些话是克罗奇说的，哪些话是读他的书时我涌出并记下来的——所以后来想了一个办法，就是把读书笔记每页的中间画一道竖线：左边记克罗奇原话。右边记录我随时产生的想法。这种被击中、被升华、被激活的阅读，一直持续了一两个月。到后来，我的感想越来越多，读书笔记的右边总是大大超过左边。因此，读完了克罗奇的《美学原理》，我其实已经完成了很大量的个人写作——那些零星的随想与片段的琐记，那些对中国现代诗的大量笔记，后来构成了《崛起的诗群》中很多段落的雏形。同时，克罗奇关于"直觉即创造"的美学理念，也影响了我的一生，成为我个人美学思想的最主要来源。

李 东：从一些资料中得知，这篇诗论对您个人也产生了不小的影响，能否具体谈谈。

徐敬亚：《崛起的诗群》是一篇纯自发的、生命意义上的激情写作。没想到的是，它却受到了一场完全非自发的批判。当年时局的严酷，今天的人们无法理解。

1983年新年刚过，《当代文艺思潮》发表我文章的那期还没有印出来。北京、长春、兰州、重庆等地召开了很多会议，对"三个崛起"乃至朦胧诗的批判开始。据《朦胧诗论争集》的不完全统计，当年，批评《诗群》的文章达数百篇之多，总字数应该有几百万字吧。

之后，《当代文艺思潮》由于接着发表我的《圭臬之死》一文，竟导致《当代文艺思潮》最终被查封停刊。

对我的批判时间只进行了一年左右。形势很快逆转，1984年夏天，我莫名其妙地被通知出一次没有任何任务的差，在全国旅行了一个月。黄山啊、峨眉啊、长江啊都去了。1985年新年过后的1月3号，我一个人乘火车离开长春去了深圳，从此告别了吉林……这些事，已经过去了近四十年，快半个世纪了。当年一些决策者、组织者有的已经过世。前朝的悲剧往往成为后来的喜剧，成为笑谈。

"'86大展"是一个里程碑

李　东：1986年您策划了"'86中国现代诗群体大展"，可谓是诗歌界绕不过的一个大事件。请您谈谈当时策划这样一个大展的动因，过程也一定很困难吧。

徐敬亚：现在看来，'86深圳诗歌大展，就是抓住了一次时机，或者说机缘。由于对"朦胧诗"的围剿与反围剿，反而激发了更大规模的诗歌热潮。它的热度在80年代中期达到了最高值。我到深圳后，从全国各地寄给我的民间诗集、诗报、诗刊的数量不断增加。至大展举办前，民间诗歌报刊摆满了我的书房,总数不少于二百种。我知道,每一本民间诗歌报刊的背后,都是一群热血不眠的青年。他们与国家出版之间的隔阂,使人感到火山喷发前岩浆苦闷而巨大的力量。搞一次大规模的全国性诗歌汇集的想法越来越强烈。

其实,在大展前我已经做过两次小规模大展试验。

第一次是1985年,我集合了"青春诗会"的十五位朋友,举办了一个整版的"朦胧诗专版"(北岛、舒婷等十多位诗人)。当年"青春诗会"分手前,大家约定,谁有了阵地便给大家发诗。那次是友情。

第二次是1986年,我试着办了一次更年轻的"第三代诗专版",参加者有于坚、凡丁、马力等。第二次就是成心做点事了。这两次的名称,都还是专版。

那时的中国文学界,只使用"专版""专辑""小辑",没搞过什么文学展示。我感觉这些词的气魄都不够,便模仿香港的商业营销口吻,把原来的诗歌专版,改成了"大展",之后又使用了"隆重推出"等字样。我向全国几十位朋友发出一封信的时间,是1986年的7月5号,那封信还有一个标题:《我的邀请·"中国诗坛'86现代诗流派大展"》。后来,又联合了《诗歌报》。10月21—24号大展正式刊出,十三个整版,约十三万字。

过程,没什么难度。主要是累,工作量太大。大展基本上是我一个人发起,一个人邀请,一个人编稿,规则也是我一个人制定。后期有几个朋友帮忙,但主要的活儿还得我来做。好在时间不长,一两个月就完成了。

李 东:当时短短几年,您的诗论《崛起的诗群》和"'86大展"都引发了全国性的关注,应该说势头正劲,您却在主编完《中国现代主义诗群大观(1986—1988)》后,淡出了诗坛,为什么呢?

徐敬亚:引发了全国性的关注,有什么用呢?如果不进入世俗层面，这种关注无法显现。那时大家都不做生意。人们之间的联系远没有现在这样快捷。任何个人都没有传播平台。大事情只有通过重要主流媒体才能传播。当时是工作和生存突然出现问题。

使我暂时离开诗的，其实从一套房子开始。1988年深圳住房改革拉开了全国的序幕。你知道当时的房价吗——当时深圳福利房定的是"准成本价"每平方米只有二百六十元！我居住的、由政府分配给报社的房子终于保留下来，一套如今价值几百万的房子，当时只卖两万多。但两万多我也拿不出。于是开始寻找生路。

其实不光我，夸张地说，90年代之后中国的诗人们仿佛集体失踪。对此我说过"中国诗人们终于学会了上班，学会了生活"。一直到2000年以后，诗才再次在这批中老年诗人群体中复兴。

李　东：对于"'86大展"，在不同时期您发表过不同的认识，特别是十年前，您说"提前二十年做了一次'诗歌网页'"，这个说法很形象也很有意思。2016年恰逢"'86大展"三十年，您是否有新的想法？

徐敬亚：2016年是大展三十周年。仍然有人要纪念。安徽和深圳都想主办纪念会。前不久深圳一家报纸为大展三十年的事采访我。我还真说出了几点新看法。

首先，我说了一句："历史事件过去愈久，便愈与当事人减少着个人因素上的关联。"

其次，我说了一句："火线和零线都在那儿摆着，我不过在中间接上了一个灯泡。"

第三，我说了一句："它留下的遗憾，一点也不比光荣少。"

关于大展成因，我最后说了这样的看法："在当年人们眼中，深圳是一个前途无量的神童，它做出任何惊天动地的事情大家也不奇怪。而当年《深圳青年报》更是站在深圳之巅，成为新观念最急切的吹鼓手。我个人只是恰巧站在这两座之巅之上的一员。由于我与诗歌的亲缘,有幸成为两条曲线的交叉点而已。任何英雄都无法独自撬动历史的大石头。任何事件必须有一个支点,也必须有很多助力。这支点,就是《深圳青年报》。那助力,就是人们对深圳这座无所不能城市的自我想象。"

在口语中夹杂了上面的书面语,有点别扭。书面语更像是一种花言巧语。

其实用大白话说,就是抓住了机会。一句话,好事儿呀。三十年前,发表一首诗有多么困难哪。很多写诗的人想认识一位编辑都非常困难。这时突然一位深圳编辑站出来说我给大家发表,而且他还有点名声,大家知道这个人不太可能撒谎。于是出了名的老朋友们纷纷给面子。没有出路的年轻诗人们一拥而上。这个事情就成了。

而大展的效果,用大白话说也非常简单。那就是"检阅",或"演习"。人仍然是原来那么多人,枪炮仍然是原来那么多枪炮。一检阅,一演习,气势就大了,威力就强了。每个参加检阅的人立刻从整个集团的力量中增加了自信与勇气。

大展这个事儿,不会没完没了吧。四十年、五十年……不会的,当这批活着的诗人消失之后,它就自然而然地没了味道了吧。现在可能是它最令人回忆的时间节点。它已经变成了一个里程碑。与当年相反,我越来越觉得大展已经不再是我的事。它变成了碑,变成了石头,一定和个人的关系、和活着的人的关系就越来越少。

诗歌变成了一种精神自慰

李　东:2014年,由中国诗歌流派网联合几家权威诗歌刊物发起的"21世纪中国现代诗群流派评选暨作品大展"活动,又被称为"'14大展",尽管评委和入选阵容庞大,但不可否认,影响远不及"'86大展"。那么近三十年,诗歌环境发生了哪些变化?

徐敬亚:我是此次诗歌大联展的名誉主任,虽然没有具体参与,但也格外关注。

从1986年至2014年,时间过去了二十八年,诗歌流派或团伙,不但没有减少,反而猛增。参加的有几百家群体、上千名诗人。不少流派和这个展览史并行而存,上世纪80年代一直坚持到新的世纪。可以看到,中国的诗歌热情一点也没有减少,而且这种热度从面积上、数量上看,还越来越呈增量趋势。另一个令人注意的是,随着信息化的普及甚至泛滥,全国各省区的诗歌力量越来越均衡。上世纪后期,由首都或一两个省市领衔潮流的年代过去了。

对此,唐晓渡曾很不以为然。他称之为"诗歌流派是自我安慰的大泡泡"。

同样作为一个老牌的评论家,我也遗憾地看到,中国诗歌的数量在增递,而整体水准在下滑。诗歌内部蕴含着的生命价值、生命激情、生命闪光都在下降。与'86大展中那些如同新星剧烈爆炸或黑洞频发的诗歌冲撞完全不同,如今几百个群体或流派,便像一片片模模糊糊的平庸星云。

这些,也许可以指责,但却更应该得到一种大悲哀前提下的同情。

当一种无法拒绝、无法回避的大背景向我们涌来之际,如同面对海啸,是嘲笑、声讨那些四散逃离的人群,还是检讨一下地层深处结构的巨大扭曲呢?

这的确是一个泡沫纷飞的年代。诗的确发生了很多很大的变化。它的背景不是在向上烘托着诗,而是在向下淹没着诗,吞噬着诗。我坦然承认:诗歌在某种程度上真的变成了一种精神自慰。一种精神身份的辨认,甚至一种精神自救。无数自命的、自称的诗人们,努力地挣扎着,用微弱的精神呼吸,极力地表现着与世俗的分离与差异。我想,今后这种平庸的趋势,只会越来越灰暗,越来越平庸。在日益迎面而来的全球化浪潮下,人类的个体"人价指数"只会越来越平均,极端全体的"生命尖锐度"只会越来越扁平。面对这样的年代,同情显然优于嘲笑。

同样,现今的诗歌流派,的确不再同于百十年前,或几十年前艺术意义上的"诗群"。它们,更像一些社会学意义的团伙,一些分类的社会细胞群,一些气味相投的圈子。可怕的是,这些现状,并不是由人们"自由选择"而形成的,而是大无奈背景下的诗歌几乎唯一的存活方式,是全球化时代无法改变的、连我们自己也被卷进去的大悲哀。想一想,如果你的嘲笑对象连"选择"资格也已经基本失去,嘲笑还有什么价值呢。

我们只有在内心不平前提下的坦然面对,这并不排除我们在心中仍然保留着对诗的最高期待。

李 东:中国诗歌流派网是您在2011年发起创办的,因为定位独特,吸引了众多诗人参与,成为诗歌类网站的代表。您创办诗歌流派网的初衷是什么?对该网站发展现状如何看?

徐敬亚:办成这个诗歌网站,是我一生中很少飞快实现的一个愿望。它的确和我的理想有关。而我的理想甚至有点病态。不正常,这就是我们这一代的特点。

我们这一代人,首先有点悲哀。我是一个"40后",由于这一辈子总是和比我小的人一起玩儿,总是被迫伪装年轻,最后几乎混到了五六十年代人的队伍里。我们这几代人另一个特点是反抗。在最渴望自由的年龄,遭受了最严厉的文化专制与文化围剿。因此,总是不自觉地反抗遮蔽、反抗压抑。网是大救星。

同时,这个网的性质,也由我搞大展的特殊经历所决定,使用一个词叫"诗歌出身"吧。简单说,我希望能有一个平台经常见一见老朋友。自私一点说,也希望通过弄这种新的传媒方式,迫使年迈的我能经常上网遛遛,不致那么快落伍。

流派网的现状很好啊，好到超出想象。从创办到现在，四年时间，注册诗人达到十五万人，发帖量与上网人数，在诗歌网站中均名列前茅。另一方面不好啊，就是钱。从始至今，所有的主编、副主编，全部主持人、编辑都是诗歌义工。也就是说到目前为止，没有人从我们诗歌网站领到一分钱的工钱。我们是一个特别吝啬的地主，因为我们是一个特别贫穷的地主。如果没有这个网，这十多万注册会员到哪里去？这些作品到哪里去？我们毕竟使中国人的一部分精神在这里得到了释放，我们使整个诗坛的最基层的、最初级的这部分找到了一席园地。他们不用花一分钱，在家里就可以通达世界。这个网，确实是做了诗歌公益。而这背后的全部资金运作，全靠诗人韩庆成的个人资金以一己之力支撑着。下一步，这个网需要一些经济运转，甚至包括在股权出让方面做一些尝试。

李　东：中国诗歌流派网中有一个重要的版块是"民刊博览"，而您个人在大学期间也创办了民刊《赤子心》，与《今天》《他们》《非非》等民刊都在中国诗歌发展历程中产生重要影响。您如何看待民刊？

徐敬亚：刚才说了，按我的"文化出身"，我永远站在草莽一边。我也曾说过"草莽，永远是海拔最高的地方"。当年在大学推油墨滚儿印《赤子心》的场面，是我一生最美好的回忆之一。

在中国现当代历史上，有两次大规模的民刊爆发。一次是五四之后民间办刊的风起云涌。一次是上世纪80年代初。这两次大爆发，都催生了新的文化风潮，推动了民族现代意识的觉醒。然而最近这些年，情况有点不妙。全球化背景下的信息泛滥，使民刊的发育空间变得特别小。在这种信息贬值的市场里，不知不觉中，几乎所有民刊都被逼向了精美、另类的办刊方向。我接触到的民刊，都把不少钱花在了封面、纸张、设计、装帧等形式感因素上。人们读这些民刊，不是像80年代油印刊物一样，吸取其中的人文情怀，而更多的是感受到了背后办刊者与众不同的生活态度与另类情调。我想，随着纸质传媒的贬值，纸制民刊也一定前景暗淡。更多的个人信息平台，如微博、微信、QQ，一定会越来越大行其道，但哪怕它很少，它一定会存在，哪怕仅仅为了时代保留着一份可触摸的、古典的丝丝柔情。

诗是稀有的、高贵的

李　东：您主持的《特区文学》"读诗"栏目已经成为诗歌界的一个品牌，该栏目的选定标准是什么？在您看来，当前优秀诗歌应该具备哪些特点？

徐敬亚：噢，品牌？谢谢你的赞美。但不管你怎样夸奖，都不能改变我心中的孤独感。

到今年，这个栏目已经办了整整十二年。品牌嘛，倒可以叫一个，但是没有产生品牌效应。我总是想到一个画面：电影散场了，在前排却还有一个人站着不走。黑暗中，他就这样孤零零站着，站了十二年。

这个栏目的初衷，还相当具有野心呢。我在发刊词中说："细读，越来越成为我们生活中日益缺少的诗歌乐趣，也越来越成为诗歌批评重新取得诗人与读者信任的必须……诗歌批评家最本质的角色，应该是一个普通的读者。在诗歌批评名声不太好的年代，最好的办法，是把批评家们还原成一个欣赏者……读诗，应该成为一个民族的文化习惯。如果可能，我们一年一年读下去……"

按照我心目中的最高标准：诗是稀有的、高贵的，甚至是不可企及的。它应该带有金子一样的光泽，有匕首和针尖的尖锐，也能像丝绸一样熨帖，像一片巴比妥类药片那样慈祥……在今天，最高意义上的诗，只能由天才人物们产生与推进。

李 东：作为诗人同时也是诗歌评论家，您认为在当前这样一个诗歌式微的年代，诗歌评论的名声是怎样一步步败坏的？

徐敬亚：这个话题我久久想论一论。多说几句。

论脑袋，批评家不一定比一般人聪明，但他们一定不应该比一般人更愚蠢。价值观上，批评家不一定非要多么高尚，但至少他们不应该比一般人更卑微。

这些年，诗一步步沦落，我指的是一个民族总的诗歌价值。批评家不但没有减缓这个下滑，反而是在助长着这个不良趋势。至少有一个诗歌支点是从诗歌批评这里塌陷的。

这些年，败坏诗歌评论名声的人有两类。一类是傻子，一类是奴才。

20世纪90年代以后，中国的诗歌批评主体，向高等院校转移。一大批诗歌素养很低、悟性很差的人成了批评家。他们用死气沉沉的书面语和消化不良的晦涩概念，进行着拙劣的文化阐释和麻木不仁的西方结构主义批评。他们只认文化，不认审美。只认深刻，不认优劣。一度使中国诗歌的评价体系，到了好坏不分、香臭不辨的地步。

新世纪以后，情况越来越糟。中国高等教育学术评判的丑恶规则，开始腐蚀诗歌。为了评定职称，为了所谓的科研成果，为了什么重大项目，一篇又一篇堂而皇之的论文，被很多和诗一毛钱关系都没有的人炮制出来。

前些年，当我重新回到大学。我发现当下的中国大学已成为盛产伪学术的黑窝点，成为一些无能之辈或者说心不在焉者们苦煎苦熬"学术成果"之痛苦产床。每一个学期，校方都发来无数调查表格，让每个老师填写所谓"学术成果"。这学期你一共发表了多少篇？你的学术论文都发表在哪个刊物？多少字数？什么关键词？多少转载率？是不是发表在核心期刊？——太可笑了。他们把"学术"当成了一堆一堆大石头，当成了GDP，当成了生产千篇一律零件的自动流水线。你今年搬了多少块石头,你把这些石头都搬到了哪个著名的码头!谁都知道,那些大学老师们没什么文化阅历,也没什么学术水平,你让他写什么?刚毕业的小毛头博士们,除了文凭除了导师,对文化对文学很少看法,文化界他也不认识几个人,平平无名,你让他到哪里去发表?于是,他们绞尽脑汁地编瞎话,不着边际地堆汉字,东抄西凑地玩文化玩名词玩术语。一篇篇莫名其妙的学术文章就是这样把各大学的"学术成果"堆上了天。这种伪学术,甚至把人逼到了类似娼妓的地步。走投无路之际,那些可怜而油滑的教师们导师们循着上锋的眼色,编排出一个又一个的重大项目……什么市级省级国家级重大课题,骗取类似活动经费一样的课题费。拿着这些动辄几十万的课题费,无耻地到那些著名的码头港口上去购买"版面"。我说的这一整套类似小姐费用的资金流动,并不是在暗地里进行,在各大学几乎公开"操作"着!这些造假文、买虚名的教授学者固然可悲,但更可悲的是他们背后一整套庄严的考核制度。正是这个论斤、量尺的考量体系,每一个学期都例行地向傻乎乎的贾宝玉们当头喝问,这个学期你制造了多少斤林黛玉的肉!你把这些美丽的肉又卖到了哪个林府或是贾府!天哪,这还是美吗?这还是生命吗?这还是学术吗?那些像鬼一样没心没肺堆积起来的汉字,还能是有血有肉的论文吗?!还能是一个人发自内心的创造与发现吗?!

从市场经济进入中国后,不值钱的诗歌评论,也暗中变成了某种面值微小的金币。一些不自爱的老牌批评家,漫天飞舞地制造廉价的序,那些序永远千篇一律地充满了啧啧之音,哪怕它们换来的仅仅只是德高望重的虚幻感觉。当一些最早转型的诗评家,从二三流画家们那里领取了远比诗评超值的红包后,这类喜滋滋的小生意,开始在诗歌界变相流行。在阿谀奉承通行天下的中国,说几句不疼不痒的好话,换来的却是恭维与笑容,甚至千里迢迢的厚礼,一批头脑灵活的批评家就这样最先成了时刻盼望红包的孩子。

　　本质上,批评家只是一个读者。与普通读者相比,他只是读得更认真、更经常、更有方向性,也应该更有专业素养。虽然批评家必须先天地依托诗人的作品,但一点儿也不比诗人低下,然而也绝不比诗人更高明。从写作的角度,批评家所做的,也应该属于一种独立的创造。他遵循的,是同样的写作规律,以及与诗人同样高贵的内心准则与规范。无疑,照本宣科的呆子,和五马捣六羊的小商贩,应该是最远离批评家范畴的人。

　　因此,我给那些败坏诗歌批评的人开出的药方非常简单:第一打开你的直觉感悟的审美天窗,第二拉上你钱包的拉链吧。

天才的轨迹,只能藏身在心里

　　李　东:在此次访谈进行之前,我曾联系熟悉您的诗人朋友寻求更多关于您的信息,但遗憾的是,除了网络资料之外我并无收获,因为"低调的学者"是您留下的印象。我同时注意到您在一个访谈中谈道:"在全球化的时代,诗人们都将玩一个共同的游戏:潜伏。"您是性格使然还是提前'潜伏'了?

　　徐敬亚:不,完全不是。我是一个典型的高调外向型,一个年轻时爱出风头的人。潜伏,只是全球化背景下,我在感叹诗人命运时的一个观点。与五光十色的世俗世界相比,诗人先天地羞涩与高傲,先天和功利的世俗玩儿不到一块。于是,这种内心的高傲和主动的孤独,使诗人的生存境地,总是出现一种尴尬状态。也许,这种尴尬就是诗最准确的位置。

　　李　东:在新媒体时代,特别是微信出现以后,诗歌得到更为迅速的传播,而且最近几年诗歌圈异常活跃,诗歌活动形式多样,诗歌大赛频繁,有评论家称诗歌正在回暖,您如何看待?

徐敬亚：这种喜洋洋的天气预报，我们听过无数次了。回不回暖，鬼知道。温度可能一天天升高，但火热的夏天嘛，可能再也不会来临。另一种温吞吞的怪物，却已经早就向所有人爬来。依我看，它早就如约而至。

我是说，"准诗"的时代来临了。

生活节奏的加速，闲暇时光的缺少，越来越使人类像一个个在时间表里挣扎的穷光蛋。很难想象，一位诗人是严重缺少时间的人、一个每天被时间剥光了的人。这种在时间意义上的残缺，对于诗来说是致命的。逃离它唯一的方式，就是放弃。因此这必然使一部分严肃地苛求自己的诗人数量越来越减少。而更多的诗，会以降低质量与密度的方式得以广泛地存在。这些数量众多的诗，情感上将变得更淡，技术上将变得更松弛，手法上将变得更通俗。而昔日严肃的会议与奖项等诗歌活动，也必然更业余化、世俗化、眼球化。

那么，化来化去，还剩下什么呢？剩下了无数温吞吞的热闹场面，剩下了无数温吞吞的诗。

这不是明天，而恰恰是今天。同时，可能也是后天、大后天。

一点办法也没有。全球化，谁敌得过。

李　东：您的爱人王小妮老师曾说"诗任何时候都不必是主流的、被关注的，这样更正常"，您认同这样的观点吗？作为诗坛"大咖"，诗歌在你们的生活中意味着什么？

徐敬亚：我们家王老师说的，就是那种最高意义上的诗。它稀有，必定孤独。它高贵，必定远离人群。它苛刻，必定娇嫩。它是天才的轨迹，因此它只能藏身在心里，也只能在心里。

诗在我们的生活中，像在所有人的生活中一样，永远是一个躲在后面的人。不管什么牌子的大咖，哪个人都不能每天把咖啡当水喝、把味素当饭吃。不管多么火热的心，也只能生存在温吞吞的现实中,哪怕这颗心时刻惊叫着、乱蹦着。

李　东:感谢您接受我们的专访!祝您和小妮老师身体健康,创作出更多佳作!

徐敬亚:哈哈,谢谢。不必健康,不必佳作。心只要时刻惊叫着、乱蹦着,就好。

访谈时间:2016 年 2 月

李汉荣：文学是回忆的一种方式

  李汉荣，1958年生，陕西勉县人。著名诗人、散文家。著有诗集《驶向星空》《母亲》《想象李白》，散文集《与天地精神往来》《李汉荣散文选集》《点亮灵魂的灯》《家园与乡愁》等。散文《山中访友》《外婆的手纹》《与天地精神往来》，诗歌《生日》等入选中小学语文教材。

李　东：李老师您好！早在上中学时期就熟知您大名，因为您的诗文常出现在我们的语文教材和考卷里，敬仰之情油然而生，与您对话可谓期待已久。首先，我想请您谈谈文学创作对您个人意味着什么？

李汉荣：作为业余文学写作者，写作这件事与具体的物质生存没有多少关系，其实现在从事纯正文学写作的人，文学并不能带给他文学之外的东西，比如金钱、名利等等好处，反而为了写作他要付出许多，包括熬夜运思透支健康。我把我的写作定义为性情写作，是性情使然，是精神生命的一部分，如同呼吸和血脉流淌，是生命的自然现象，若没有写作这件无用的事，我就呼吸不畅，血脉瘀滞，心魂飘忽无寄。我借由写作而能触摸和安抚自己的灵魂。若我的文字遇到性情或灵魂质地与我比较接近的读者，我的文字也就顺便触摸和安抚了他的灵魂。

李　东：您主张回归到生命的本质当中去，与山河自然、生灵万物共呼吸。您的诗文中也随处可见对草木的赞美和敬畏，对动物的友善和怜悯，处处蕴含诗意和哲思，让人叹服。对于山水、自然，您似乎比别人倾注了更多的心血，是您性格使然吗？您如何看待人与自然的关系？

李汉荣：正如西方哲学所说："神话是一个民族的记忆，记忆是一个人的神话。"

与科学的前瞻思维很不一样，文学常常是向过去看的，我甚至固执地以为，文学就是回忆的一种方式。

这也不难理解，一个人的童年，就如人类的早年一样，离自然最近，离摇篮最近，离母亲最近，离神秘最近，离神性最近，离梦最近，离诗最近——而这些美好的东西，都会随时光的流逝和历史的演进而逐渐淡漠甚至丧失，挽留住它们，就是挽留住我们灵魂的根，挽留住生命中最本真、最有价值的部分。

神话、童话、传说、诗，乃至一切真正的文学艺术，都是这种挽留。

我们的民族是农耕民族，漫长的农耕岁月和田园生活构成了我们的记忆和文化，对土地的尊敬和感念、对山河自然的依赖和感激，对草木生灵的依恋、怜惜乃至同情，积淀成我们每一个人内心里、血脉里最深最浓的情愫。即使在工业化和城市化快速推进的今天，这种记忆、情感和文化依然是我们灵魂的原型和底色。

就如我本人，虽然早已住进了城市，但仍然留恋乡村和田园，烦躁的时候就想起故乡月夜的宁静，纷乱的时候就想起故乡原野的质朴和单纯，内心有贪念的时候就想起昔日乡亲们那清贫、安详的性情。有时做梦，还梦见小时候在林子里采蘑菇，在小河里打水仗，在村头稻草垛里捉迷藏的情景。

我甚至觉得，人的最美好的故事都是在小时候创造的，长大了，有了许多经历，甚至很复杂的经历，但美好的故事却越来越少，因为这些经历里功利的、世故的东西多了，纯真的、情感的元素少了，心灵不愿意接纳它们。不被心灵接纳的东西，很难成为感人的、有意味的故事。

我的童年和少年都在乡村度过。乡村，是我记忆的伊甸园。我无意美化乡村，那里有贫苦，有蒙昧，但是，它的田园、山水、古老的建筑、淳朴的民风、善良的乡亲、鸡鸣狗叫的声音，拥绿叠翠的原野，白云缭绕的远山，一路哼着民谣潺潺而去的小河……这一切足以抵消物质的匮乏，而成为一个人灵魂的粮食，成为他精神世界的最初底稿，也成了他的美感和诗意的源泉。

我认为，一个人的美感和诗意感受，只有三分之一得自于社会生活和所谓的文化素养，而百分之七十以上得自于大自然的震撼、浸润、滋养和启示，这包括山水、田园、植物、生灵、星月、宇宙景象——这一切构成了笼罩他感官和心魂的持续的惊讶、神秘、感念、崇高的感情、怜惜的心肠和无穷的联想。我的几乎每一篇诗文写作，总是由于自然景物或生灵意象的触动和感染而生发。即使那些悲天悯物的情愫，也来自我目睹大自然惨遭技术肢解、惨遭人类洗劫和摧残而生起的痛惜之情。

而随着过度工业化、技术化，以及物质主义、消费主义文化的误导，人类无餍足的贪欲和所谓无止境的对"发展""幸福"的欲求，将导致对大自然的无休止的掠夺和伤害，大自然的原生态之美将被洗劫一空，万物生灵的生存处境将变得更加严酷和悲惨，它们所呈现的缤纷意象和审美幻象将日趋凋零。因为人总是膨胀着、嚣张着、升级着、推进着所谓"发展""福利""幸福""消费"的欲求，而大自然是相对安静的，是有定数的、有限的，是不发展的，而且在人类无休止的过度干预、掠夺和伤害下不断萎缩和凋敝的——而过量的人群和不断膨胀的欲望在不停顿地算计着、折腾着、劫掠着并不发展的、有定数的、衰竭的自然，自然怎么受得了？自然怎么修复和再生自己？长此下去，自然有可能被掏空和毁坏，成为废墟。这也就意味着人在自然界所能感受和领略到的审美资源、意象资源、精神寄托日渐减少甚至越来越单调乃至枯竭。人只有在大自然的辽阔、丰饶、气象万千的氛围里才能氤氲养成的温润的内心、柔软的心肠、崇高的情操、丰富的美感也就很少或没有了，只剩下了在拥挤的人群、逼仄的、竞争激烈的生存环境和僵硬、单调乏味的人工环境里的得失算计、利益博弈和生存竞争，如此一来，现代人怎么还会有真正的审美发现和诗性感动呢？也就只剩下肤浅的娱乐、搞笑，以及所谓的鸡汤快餐了。因为深陷于拥挤、逼仄、单调、残酷的竞争生存环境下的人们，需要这些甜点调料来缓解和麻痹自己憔悴紧张、无处安顿的身心。

从上述我对自然的感受和对现代人生存状态的理解，你就知道我为何对大自然那么一往情深而又深怀忧患和怜惜。

李　东：除了自然山水，亲情也是文学作品中一个永恒的话题。您的《母亲》整本诗集都在诗意呈现着浓浓的母爱，《外婆的手纹》《祖父的生日》等多篇散文也传递出了可贵的亲情。您如何理解亲情和文学创作之间的关系?

李汉荣:亲情不只是孝道、血脉情感等等源于血统和社会伦理的那些狭义的情感。我的理解,亲情虽然是一种本能情感,同时,亲情也是更深广的人类之爱、生命之爱和宇宙情怀的起点和酵母。一个宽广深邃的人,既要有一份深挚的亲情之爱,也要将这种亲情之爱升华、扩大为人类之爱、生命之爱和对真理与宇宙万物的博爱。亲情里面也饱含着一份感人的人情之美和人心之美,亲情不只是一种伦理学,也是一种情感的美学——比如,我从母亲、从父亲、从爷爷、从外婆身上透露出的质朴真挚的情感,从他们对亲人、对儿孙、对家庭、对自然山水、对土地、对植物、动物、生灵,对日常生活、生老病死和朴素器具的那种怜惜、心疼、呵护、感激的态度,我感受到一种由亲情生发的朴素的审美和心智,以及一种包含着亲情却又大于亲情的人伦风情和天地情感。

为了把这个话题说得到位一些,在此不妨说说我和外婆的感情,以及由此生发的伦理亲情和朴素的生命美感、自然美感和日常美感。

外婆出生于中医世家,面相刚毅,举止端庄,读古书,信佛——这是后来才知道的,当时只觉得外婆能干、手艺好、待人热情,她每次到我们家来,都要为她的孙子们做针线活,我记得做得最多的是鞋垫。

在《外婆的手纹》一文中,我已描述了她的手艺,她缝织时的场景和心境,在此不再赘述。

需要补充的是,我小的时候,在我的故乡,几乎家家户户的每一个妇人,每一个女孩,人人都会做针线活,都会绣花的手艺。甚至有一些男人,也会缝衣服、绣花。平常,人们都穿得陈旧,很多人衣服上都打着补丁,灰暗,构成了那个年月的底色和背景。但人们仍然有着单纯的快乐和对生活的简单期待——生活不得不受现实禁锢,但梦想常常高出生活,每当逢年过节,人们不约而同都穿出最好看的衣服,儿童、女孩、妇人们,都穿着绣花的衣服。连最穷人家的破衣服上,也补上了新鲜的补丁。这是手艺的展览,也是梦想的展览。

现在想来,那时,人们不仅在生活中延伸着一种源远流长的手艺,也延伸着一种源远流长的文化和美德。缝衣绣花的时候,通过一针针一线线的细致劳作,人们其实是在重温某种心境某种意味,这种心境和意味只有通过某种具体的动作和器物才能体会和抵达。打一个补丁,不只是修补了衣服的漏洞,那也是在修复生活的残缺和心灵的创伤;绣一朵花,不只是装饰日子的暗淡,那更是一种祈祷,一种期待,一种于默默中对梦想、对情感、对生活的美好设计。

我们常常说,过去的人们总是那样古朴、安详、沉静、内敛、重礼仪、重情感、重操守。我想,这些美德的获得,与农业文化的自然环境和生活方式有关。天人合一四时如画的美丽山水田园,陶冶了人们的性情;那种缓慢的、温润的、充满了人伦细节的日常生活,构成了人们细密柔软的内心世界和朴素美感。在工商社会和网络信息社会,具有这些美德和美感的人将会越来越少。

前些天回老家看望生病的老母亲,在小时候疯跑过的原野、小河、山湾转了一圈,大有"山河不可复识"之感,用一般的眼光看,当然是"形势大好",我也承认,日子好过了还不好吗?然而,内心更深的感受却是复杂的,所谓进步后面付出的代价很大,物质的缺失尚可弥补和替代,而精神的、人文的、内心的东西,有些一旦失去就再也不可再现和复得,真正是"一别永恒再不相见"了。比如,小河边那些如童话里的小木屋般温暖质朴的水磨房再也找不见了,过去家家户户门前都有的打豆浆的小手磨再也找不见了,那些走村串户的瓦匠、墙匠、铁匠、木匠、篾匠、银匠、编织匠……再也找不见了,那安静地在屋檐下、在场院里、在树荫下、在溪水边、在鸟声里，含着微笑凝神静气做针线活、将情感和目光一针一线织成手艺的母亲的形象和姑娘的形象再也找不见了。这些动人的场景，这些古老的风情，这些代代传承的民间艺术，都被现代化的大批量、标准化、格式化、市场化的制造业所快速取代，以它们为载体的文化和精神也正在快速消失。

是的，一种场景、一种风情、一种技艺，都由长久的岁月和生命积淀而成，它们是构成一种文化的元素和灵魂。

水磨房的消失，伴随那转动的轮子、飞溅的水花、飘洒的芳香粮食颗粒而流传千载的水边的传说和故事也永远消失了。

匠人们的消失，意味着那走村串户、连接古今的技艺、风情和歌谣也永远消失了。

绣花针的消失，意味着乡土最深情、最细腻、最专注的目光永远消失了，从今，我们再难看到那种贤淑、端庄、温柔、细腻的母性身影和眼神了。

那能让我们静下来、净下来、慢下来的安静意象越来越少了。

奔走在燥热的高速路上，我渴望在一个清凉、纯真的瞬间逗留，辨认一下来去的方向，看一眼一言不发的永恒天空在对我暗示什么。

在我写作《外婆的手纹》这篇文章的时候，我感到了一种美好、深沉、温情的逗留，古典的单纯、朴素、宁静和深情，笼罩了我，我身心安泰、肝胆温和、表里清澈。我有一种"万物皆备于我"的透明、深情和圆融。

在这一刻，我返璞归真，我回到了精神的故乡……

李　东：诗集《想象李白》以奇绝的想象力，融古典与现代为一体，信手拈来，诗意隽永。在借"李白"寄托您的悲欢和所思的同时，也表现出您对古典文化的钟情。可否谈谈古典文学（或传统文学）对于现代文学创作的影响？

李汉荣：古人的诗文呈现的是一种天地诗意、山河美感、人伦之美和天真之美。比如李白，当然不仅是李白，几乎所有的古代诗人文人，他们一生对大自然、对万有之美和宇宙之谜，都怀着热烈、虔诚、天真的感情和无限好奇，他们的诗文也呈现着一种深沉感念、浪漫情怀和清澈之美。

而在诗意稀薄、神性荡然无存的这个过度物质化、商业化、数字化、程序化、技术化、人工化的世界上，神秘感也随之消失了。神秘感的消失，使我们好奇的灵魂没有了值得好奇的对象，使我们孤独不安的灵魂没有了来自大自然和宇宙的深刻安慰和神奇解药。

没有了诗意，没有了神秘感和诗性深度，所谓的现代文化，也就成了没有灵魂、没有精神本源的一片话语的噪声、符号的积木、信息的沙滩和知识的荒原，人的所有的言说与书写，都与本源、诗、真理和终极关切无关，而仅仅是人如何消费和处置这个物的世界的自言自语、自嘲自恋、自惊自吓、自高自大、自暴自弃、自证自慰。于是，我们的灵魂完全搁浅于这个实际上已无法安顿灵魂，而是否定灵魂，与灵魂已成陌路，甚至与灵魂为敌的灵魂的荒原。抑郁、焦虑、烦、无聊和空虚，就成了灵魂的日常功课；抑郁、焦虑、烦、无聊和空虚，成了灵魂的常态，甚至成了许多现代人的"内心生活"。

好在，所幸我们还有诗，诗（包括经典音乐）为被物质主义掏空了内脏的现代文化保存了一点古典的灵魂，诗（包括经典音乐）为被消费主义掏空了心灵的现代人类，保存了一点唯美主义，保存了一点神秘主义，保存了一点古典主义，保存了一点形而上的意味，保存了一点远古人类面对苍茫宇宙和无常命运而生发的神秘感、永恒感、崇高感和苍凉感。

我觉得，诗和文学，是我们得以找回或重温我们丢失了和遗忘了的古人那种对天地万物的天真感情和清澈之美的一种有效的方式和途径。重温古典的文心诗魂，也是为日益世俗化、商业化、无根化、泡沫化的我们肤浅的心智和没有底蕴的失魂落魄写作的一种棒喝、提醒和校正。对我们使用的日益丧失神圣指涉、命名能力和隐喻象征功能的浅陋的、毫无诗性和深度的工具化、泡沫化语言，也提供了一种映照的镜子，照见我们的语言和文本的浅、陋、窄、小和丑，同时，古典文学作为一种永恒价值，也为我们提供了不断返回源头去观照我们自身，去重建我们自身——包括我们心智、灵性、审美、想象力、批判力和语言的重建——的一种参照和启示。

李 东：诗评家沈奇先生称您为"星空诗人"，意在区别卓然独步的您与同时代诗人的迥然不同，同时他也提到在您星空般深远莹洁的诗歌精神面前"只有无言的颤栗和感奋"，"不具备'理论'您的能力"，这应该是对一位作家最大的肯定。那么，您的创作追求是什么？

李汉荣：沈奇先生是当代杰出诗论家，他对我的评价过高了，不敢当。我也许还没有写出沈奇先生眼中的那种杰作，但我有过这种阅读体验，有时候，一首诗让我们感动得无话可说，甚至没有心得，其实是这首诗完全进入了你的心，它抵达你的意识尽头，激活了你生命深处的潜意识和无意识，它通过语言把你带到很远的地方和很高的地方，带到没有语言的地方，那里只剩下心灵本身，语言沉默了，你面对的是无边的心灵。

在一首诗里就可以历尽沧桑。读但丁《神曲》，我就有历尽沧桑的感觉。穿越生存的地狱，经历精神的炼狱，跟随永恒女性贝亚德丽采之引领，我来到了一万个太阳照耀着的天堂，从此到达了自由、澄明、宁静之境，我从对立、短暂、冲突、痛苦、速朽的事物中彻底解脱出来，在宇宙的巅峰和时间的尽头，我与万物合一，与神性合一，灵魂归于深深的、无限的宁静。我掩卷，久久静默，不想与人说话，不想再读别的书，我已有了如此丰富深邃的精神游历,我已抵达如此高远明澈、由爱之女神守候的纯洁天堂,我已到达了宇宙之巅和宇宙之心,那么,我还返回来干什么?真的,我读了《神曲》,感到灵魂是如此幸福安宁,我想在但丁伟大的诗里沉睡过去,不再醒来。

我希望我能写出这样的诗篇或文章。也许我无法抵达这样高的境界,但我心仪这种境界,我平时的阅读,其实深怀着这样的阅读期待,期待某个作品哪怕是作品里的某个细节某个句子,能将我带进这样的境界,可是,能兑现这种阅读期待的当代作品太少了。但我的心里,始终有那么一个精神的空洞,很深的空洞,我希望别人的伟大深邃的作品能填充这个精神的空洞,若不填充,我的灵性世界就安顿不下来,出现了莫名的恐慌和虚无。我也希望我自己的内心生活以及作为内心生活折射而成的内心副本——我自己的文字,能够填充这个随时出现在内心深处的精神空洞——我的阅读和写作需要持续下去,因为那时时出现的精神的致命空洞需要与之对等的精神填充物——需要那种够格的精神产品去填充它。

简洁地说,好的文学作品要具备这样的品格:透过物理本质进入神圣本质,通过自然领域进入精神领域,穿过现实生活进入灵性生活,经由此岸的生存物象进入生命幻象、彼岸幻象和宇宙幻象——引领人进入对永恒和无限的沉浸、敬畏和无限谦卑。这样的文学,才有存在的必要和写的必要;这样的文学,才有对这个日益荒原化的世界和荒漠化人心的净化、滋养和抚慰的功能——文学虽然不是宗教,却有着并不低于宗教的唤醒、深化、净化、提升、塑造和启示心灵的功能。

李　东:陈忠实先生在写于2001年的《生命的审视和哲思——〈李汉荣诗文选〉阅读笔记》一文中,讲述了陕西省作协第八届505文学奖的评选细节,您的诗集《驶向星空》被一致举荐,从十部优秀作品中脱颖而出,获得最佳作品奖,他同时也提到十位作者唯有对您不熟悉。我想这不仅仅是因为您地处秦巴之间与外界联系不畅，更主要的一点是因为您低调的处世态度。据我了解，您潜心为文，远离文学圈的浮华，很少主动参与文学评奖活动。您对当前文学环境怎么看？

李汉荣：陈忠实先生是我的良师益友，是小说大师，他的《白鹿原》是当代少有的足可传世的杰作。忠实先生对我的勉励和他给予我的那份长者的感情，我永难忘怀。至于当前的文学环境，你会比我有更直接的感受，就不多说了。我就喜欢安静地读书，安静地生活，安静地感受大自然，安静地沉浸和领略在写作中语言和文学神思带给我的那份"妙处难与君说"的心灵的充实、澄明、宽广和愉悦，用禅宗的话说就是体会那种无上的"禅悦"和"法喜"。我平日沉沉默默地感受着，然后安安静静记录下来，写下来，不是显摆，不图出名，不为谋利，就图个心境葱茏，就图个能把心魂安顿下来。是的，在感受的过程中，在写的过程中，心魂已被这天地万象和可爱文字慰藉了滋养了，心魂已经得到了犒劳和安顿，这该是最高的恩泽和奖励了，诗在诗中满足了，精神在精神中满足了。心安处，是吾乡，我回到了家里，我就在家里。所以，还需要显摆吗？还需要出名吗？还需要谋利吗？那纯粹是自己搅乱自己的心魂，自己捣毁自己的心宅的自毁家园的愚蠢行动了。

当然，若有读者喜欢阅读我的文字，并分享了文字中呈现的那种心路历程和心灵风景，还多少有了一点心灵的互映和共鸣，我就格外感恩上苍，感恩能把我们彼此的心融为同一颗心的我们具有通灵魔力的伟大母语。

李　东：从您的履历来看，"弃政从文"无疑是让常人不解的。但所有的选择自有其道理。您理想中的生活方式是什么样？

李汉荣：从上述文字里，你不难窥见我所向往的生活方式，这就是以出世的精神，做入世的事情，做自己喜欢做、能做的事情，尽量让自己写出的文字和卑微的劳作有益于世道人心。人活世上，与古往今来的人心和人情相往来，与古今中外的文心和诗魂相往来，与天地精神相往来，也与自己的"本心"相往来，很好，人生之至乐莫过如此。

李　东：网络查阅得知，您的文章曾多次被抄袭，甚至被抄袭成了高考满分作文。对于这样的事情，您不但不追究，反倒拜托记者呼吁大家"宽容地对待一个中学生所犯的错误吧"，您的豁达也由此可见一斑。您的多篇（首）诗文入选大学中小学教材，被视为范文，或多或少影响着一批批年轻人。对于年轻的创作者（或文学爱好者），您有什么好的经验分享？

李汉荣：考生抄袭我的文字得了高分，作弊当然不对，考虑到当时我若态度严厉了，有关方面若从严处理，就完全可能对考生及其家庭造成巨大打击，甚至出现不可预料的意外。所以，我觉得对考生教育一下，指出其错误，以后无论是为学为文或立身处世，当堂堂正正、诚实诚信，就行了。再者，考生抄袭的我的文字，虽非杰作，也算可读的文字，可见考生在严酷的应试教育环境里，还是有一定的阅读视野、阅读量和文字鉴赏力的，觉得不忍心这样的孩子因遇见我的文字而受苦受挫。比起动辄贪腐千万、亿万的贪官污吏，孩子不过动用了我的几段文字，他们不该因此受到重创。所以当时我采取了宽容的态度，只希望这些孩子以后都是堂堂正正的好人好公民。

年轻的写作者，在如今人人写作、人人发帖，除了守法的要求，已几乎是零门槛的网络环境和大众文化的语境下，在铺天盖地遮天蔽日的语言洪流里和信息汪洋里，要守住自己的本心似乎更难，要写出自己的句子似乎也更难，要让众人在海量的作者里和海量的文字里，能够识得或记住某个写作者或写手的面目和名字，似乎也越来越难，一句话：如今，无论是作者或文字，都是太多太多了，甚至是严重地过剩了。在此境遇里，作者既要有所谓的雄心，也要有平常心和本心，若仅有雄心，谁没有雄心？过量的或过分膨胀的雄心，难免会变成焦灼之心、浮躁之心、争强斗狠之心甚至投机取巧之心，而平常心和本心，却能使我们回到诚恳和本然之心，这恰恰是使你区别于他人的天然的特质和品质，再加上广博、系统和深入的对古今中外各种经典的阅读和沉浸，长期地对自我心智和文心诗魂的修炼培养，对生活体验和生命体验的积累和洞察，对文字功夫和文体驾驭能力的潜心锤炼磨砺，你才有可能写出有自己语感、语调、语态和语法的属于你自己的句子，从而，为文学长河增加一滴或几滴不会轻易蒸发的水珠和水波。

李　东：《李汉荣散文选集》自出版以来，在网络书店多次断货，得到读者高度认可，被认为是"一本难得的让人安静下来、回到自身、回到本真、回到内心的好书"。在该书的自序中，您提到写作最核心的动力是对时间的崇拜，并对此做了阐述，我非常认同"时间保存我们的灵魂，时间使我们拥有无限延展的精神生命"这样的说法。在您看来，当下文学创作者如何才能做好时间的崇拜者？

李汉荣：你这个问题问得很好，是纲领性问题。而我的上述回答，已在无意中对这个问题做了陆续的回答。把我们的问答合在一起，就会看到，其实你一直在问这个问题，我也一直在回答你问的这个问题。当我们对文学的本质，即文学的核心意蕴和功能，有了深一些的理解，我们就会奉时间为自己的唯一的王，从而知道自己该坚持什么，该看轻什么，从而真正去为永恒服役，为众生用心，为文学操心，而不是为功名利禄过分用心和操心，功名利禄，皆过眼云烟，当一切功名利禄消失了，在时间的河床里，留下的那不多的真金，才是真的文学和真的文心。

李 东：在您即将推出的新书《宇宙深处的奇遇》的内容简介中，我看到了"实验性""跨文本""精神漫游"等多个引人注目的词汇，在微信展示的前几章里也领略到了该书的独特性。您创作这样一部作品的动因是什么？

李汉荣：我们全部的文学和文化，绝大多数都是对地球上的生老病死的描述和叙述，是对尘世人群、对此岸物事、对当下悲欢的记录、描述和唠叨，多数是并不高明更不高深、毫无新意的描述和唠叨。我觉得这样的文字太多太多了，已严重饱和、超额和超量了，比起人对文字，尤其是对此类文字的实际需要，我们生产的这类文字已过剩到灾难的程度，是严重的浪费，大多数文字的生产，是盲目的重复性生产，是完全无用的垃圾化生产。

而现当代天文学揭示的宇宙图景和真相，已经大大拓展了人对宇宙的理解，也彻底改变了那种天圆地方以人为中心的狭隘时空意识，从而无限地扩大和延展了人对宇宙和生命之真相、奥秘与命运的想象和惊奇，随着宇宙视野的无限延展，人对地球对人类对自身命运的观照和理解也随之有了微妙而巨大的改变，人在宇宙中的孤独感、漂泊感、荒谬感、虚无感也在加深。

我的这个实验性文本就是一次练习突围。在这部作品里，我把背景放在无限的星空和宇宙空间，写一个人的精神漫游，以及他的思想，他的哲学，他的美学，他的伦理学，他对现实的透视、批判与超越，他的宇宙观、生命观、道德观、宗教观。这一切都在广袤的宇宙背景里呈现和展开，让丑陋的更丑陋，美好的更美好，让那些高贵的诗性生命越过死亡的陷阱，在永恒之光的映照下获得永生。在无限展开的时空巨大镜子面前，人类的卑微和高尚，晦暗和荣耀，速朽和永恒，逼真地呈现。

主人公是一位跨越无限时空的漫游者，这种带着他的个人经历、族群文化、种群历史的超时空漫游，在大尺度宇宙背景映衬下，更深切地体认和洞察了他所属文明的价值、困境和病灶，这对读者体认自身的生存境遇、文化土壤和精神生态，极具启发性。

作品几乎穷尽了一个人所能拥有的全部想象力的极限：大尺度的时空跃迁，惊心动魄的生命奇遇，不可思议的宇宙奇观，细腻逼真的细节呈现，以及融合了诗性想象、神性冥思和智性玄思的哲学思辨，在极大地满足人们对宇宙的无限好奇心的同时，又将人带入到思想和心灵的幽深隧道，对宇宙的命运和自身的命运展开终极叩问和沉思。

写作本书和阅读本书都是对人的智力和想象力的一次极大挑战和考验。我在长达数年的沉思和断断续续写作过程中，经历了宇宙观、生命观、道德观和宗教观的巨大颠覆和艰辛重建。我希望读者在阅读中也分享这一补天造海的精神历程，作品将颠覆和改变那些半径过于狭小、严重缺乏生命境界和心灵张力的世俗人生观，大幅度扩大和扶正那些被琐碎庸俗的生存扭曲和矮化了的宇宙观，大幅度净化和提升那些被金钱的牢笼和权力的锁链长期禁锢、腐蚀而变得侏儒化、市侩化了的生命观和价值观。在如醉如痴、如梦如幻的时空漫游中，你将和宇宙的巨大灵魂交换灵魂，你将从浩瀚奔涌的无穷星河里获得源源不断的激情和想象力。

当然，这只是我的一个尝试和向往，我缺少叙述的从容和严谨，我是个写诗、写散文的，缺少小说的训练。我很不相信自己的这个文本，至今没有勇气拿出来"示众"。

李　东：莫言成为中国首位诺贝尔文学奖得主以后，近几年诺贝尔文学奖的评选在中国受到极大关注。对于鲍勃·迪伦获得2016年诺贝尔文学奖，国内也引发了争论，您是否有关注？对此怎么看？

李汉荣：有人质疑瑞典学院的几位老头的眼光和判断力。我感到这几个老头的眼光和判断力还是不错的，也是相对公允的，请问，我们这里，有这样的好老头儿吗？他们有着基督教文化背景，道行高深，眼光睿智，较少世故圆滑，他们的心智和潜意识里，有着倾向崇高、神性和神圣的价值吁求，他们博览群书，有着全球视野和终极关怀，他们奖励的作者和作品未必个个一流卓越，但却很少看走眼，将末流错判为一流或杰作。此次颁奖给一位演唱者和诗人，我以为也颇具眼光：试想，如今文学被商业娱乐业挤压，大众被娱乐业收编和绑架，甚至文学的内涵也被商业和娱乐业掏空了，而一位演唱者、诗人，用他的貌似流行的歌唱和表演，回收了被流行文化收编和绑架的大众人群，而在其貌似流行的歌诗里，注入的却是对流行的批判和超越，是对被大众文化浸淫和洗脑的大众的再启蒙和心智的再造与升华。这是过于一本正经的所谓纯文学，在今天这个被商业和消费主义文化统治的星球上，想做而难以做到的，而鲍勃·迪伦做到了，他的胜利，不是流行音乐的胜利，而是含蕴在他那貌似流行实则饱含诗性、批判性和超越性的"诗性表达"的胜利，是文学的胜利，诗的胜利（当然是小小的胜利，长久来看，这个地球上的芸芸众生是被商业文化和娱乐文化无限期统治、控制和绑架着的）。他的获奖，实至名归。

访谈时间：2016 年 12 月

张德明:百年新诗的成绩与问题

张德明,岭南师范学院文学与传媒学院副院长、教授,南方诗歌研究中心主任,全国中文核心期刊评审专家。著有《新诗话·21世纪诗歌初论》《现代性及其不满》《网络诗歌研究》《新世纪诗歌研究》《百年新诗经典导读》《探秘的诗学》《灵魂的维度》《诗想的踪迹》等学术著作多部,在国内重要学术期刊发表学术论文百余篇。曾获广东省青年文学奖理论类一等奖,2013年度"诗探索奖"理论奖,《星星》诗刊2014年度批评家奖,首届"名作欣赏杯"优秀论文奖等。

李 东：张老师您好！从近几年您相继出版的《新诗话·21世纪诗歌初论》《百年新诗经典导读》等著作来看，您的评论呈现出多元化、系统化的特点。《百年新诗经典导读》一书，通过对新诗百年发展中的重要诗派、诗群的梳理，展现中国新诗的发展轨迹，从中也不难发现，新诗在曲折发展过程中，不断涌现出新的诗歌流派，在革新诗歌观念和话语模式。在您看来，为什么会出现这种现象？

张德明：中国新诗是从1917年开始正式踏入历史舞台的，它是五四新文化运动所催生的一个文学品种，如果说现代小说和散文与古代小说散文之间还有着千丝万缕的联系的话，新诗几乎可以说是一种全新的文学体式，它与古典诗歌存在着断裂关系，这种文体在百年来的历史进程中经历了无数坎坷和波折是可想而知的。从1917年2月诞生到2017年2月的今天，中国新诗已经拥有了百年的发展历史。一百年对于一种文体的发展来说是远远不够的，也就是说，百年中国新诗迄今都还没有达到真正成熟和完善的境地。

回首新诗走过的百年历程，不难发现，前前后后涌现了不少诗歌流派，它们出现在不同的历史语境下，带着不同的诗学目标和审美追求，在诗歌的内容表达与形式建构上做出过不同的探索。之所以百年中国新诗的流派会此起彼伏，你方唱罢我登场，我认为主要出自于这样一些原因：第一，新诗的发展很长时间都处于拓荒阶段，能够用来借鉴和继承的成功经验并不丰富，这就导致了有着不同美学诉求的诗歌流派会不断浮出历史地标。第二，一百年来，中国新诗并非是在一个相对独立的环境中生存和发展的，而是总要同具体的社会政治和时代精神状态密切关联在一起。社会政治局势的变化和时代精神特征的不同，对中国新诗的存在与发展都提出了各自不同的要求，受制于这些具体的政治和历史要求，新诗不得不及时做出回应，不断做出改变。流派兴替其实正是这一改变的具体表现。第三，百年中国新诗除了一直在处理自己与时代政治的关系之外，也不断面临着如何对待和处理已有诗歌资源的问题，这些诗歌资源包括西方诗歌资源和中国古代诗歌资源，处理这些资源的态度和方法上存在的不同方式，也就造就了不同的诗歌流派。

李　东：提到新诗百年，恐怕是过去一年里诗歌现场谈论最多的话题，而对于新诗的发展成就而言，也是众说纷纭。您认为新诗百年有哪些重要收获？对今后诗歌发展有哪些启示？

张德明：百年中国新诗的收获是很多的，对中国现代文学和文化的贡献也很大。具体而言，我觉得有这样的五大收获：其一，作为一种最为短小的文学体式，诗歌对社会政治和历史时代的反应最为敏感，表达最为切近，它是中国现代社会不断发展的指示标，为我们了解每一历史时期的人文情状和政治面貌提供了最便利的信息。其二，中国新诗主要是自由诗，这种以自由为主要创作原则和美学标准的文学形式，与高速发展、日新月异的现代社会是相适应的。可以说，在艺术表现现代人自由自在的生活状态上，反应现代社会的千姿百态上，中国新诗都是做得较为出色的。其三，在促进现代汉语的不断丰富和发展上，中国新诗也做出了极大的贡献。我曾谈过新诗的张力问题，并这样说过："在中国新诗的张力美学中，现代汉语的词典意义被一次次改写和拓展，许多词语的内涵被智慧的诗人们从不同的层次和方向上拉伸和扩张。在这个意义上，新诗成为了不断丰富现代汉语的意义空间、强化其表达功能的最重要文学形式。"我至今都把持这样的观点。其四，新诗主要是一种抒情的艺术，它与诗人的内在心灵世界息息相关，当然也与诗人外在的精神风度密切相连，在展示现代人的内在心灵世界和外在精神风貌上，百年中国新诗也起到了巨大作用。其五，在表现现代中国人与外在世界的交流和对话方面，中国新诗也成绩不小。

李　东：在《新诗审美标准漫议》一文中，您把优秀诗歌分为好诗、重要的诗和伟大的诗，您也给出了好诗的衡量标准："好诗＝精巧的结构＋优美的文字＋真挚的情感＋深刻的思想"。和那些观点含糊不清、无关痛痒的论述文章相比，您的文论如同锋利的刀子，更像是评论家的一次次"冒险"。您如何看待当前的评论环境？

张德明：新诗诞生百年来，它的生长和发展，都离开了诗歌研究和批评的推助。具体来说，诗歌潮流特征的概括，优秀诗人不断地登上历史舞台，优秀诗歌作品的大量涌现，都不可能只是诗歌创作一方面的事情，都是在诗歌研究和批评与创作的双向互动中而生成的。从这个层面说，诗歌研究和诗歌批评一直都是中国新诗存在与发展不可或缺的力量。

新世纪以来，中国新诗批评的环境朝两极化发展。一方面是诗歌批评的多样化和自由化，另一方面是诗歌批评的杂乱化和无序化。应该说，随着互联网语境的形成，新世纪诗歌批评的环境是较为宽松的，诗评家发表自己对于当代诗歌的观点和看法的途径与通道特别多，除了原有的纸质媒体外，网络媒体和平台也为新诗批评的发表提供了可以无限加载的版面。在当下自媒体异常发达的历史语境下，诗歌批评更是自由和活跃，君不见有多少微信平台都在不间断地推出有关诗歌批评的理论文章。不过，令人感到有些遗憾的是，批评环境的宽松和自由，并没有引发诗歌批评在学理和历史感层面的深化，反而还催生了一些不负责任的、不讲诗学规范、一味强调自我趣味的论文。有些批评文章一看就是不符合客观实际、带有显在的主观偏颇的。与此同时，尽管每年降生的诗歌批评论文不少，然而评论家们围绕某些诗学问题加以广泛深入讨论的情形却并不多见，诗歌批评的互动与对话生态并没完全建成。

李　东：同在该文中，您也指出"遵循旧有的诗学逻辑和审美范式而创制出来的'中间状态'的诗歌,是当下中国诗坛最为流行的文本形态,充斥于中国的大小刊物之间。"如何才能打破"中间状态"诗歌与刊物之间这种密切关联,带给诗歌新的发展态势?

张德明:在《新诗审美标准漫议》这篇文章中,我对"中间状态"的诗歌进行了一定阐释,并指出,"中间状态"的诗歌首先是原创性不太突出的诗歌,其次是缺乏穿透力和震撼力的诗歌,这类诗歌一般都是平庸的诗人依照一种阅读与写作的旧有惯性而轻松生产出来的,反映出了诗歌创作中的惰性思维和投机取巧心理。这样的诗歌由于与普通的诗学规范比较吻合,不具有开新创格的"风险性",所以创作起来较为容易,发表起来也不难,因为它也比较适合很多诗歌刊物的选稿标准和口味。

不过,要想真正有效提升当代诗歌的创作水平,我们就应该对市面上大量流行的"中间状态"的诗歌保持足够的警惕。一方面,现有的诗歌载体,包括传统的诗歌期刊和方兴未艾的诗歌网络平台,都要在推动先锋诗歌创作上投入很多的精力,积极鼓励与奖掖具有探索性和创新性的诗歌作品。另一方面,当代诗人也要进一步增强诗歌创作的历史意识,更深入地懂得诗歌创作的美学原理,积极地与创作上的偷懒心理和投机行为做坚决斗争。只有刊物和作者两方面双管齐下,"中间状态"的诗歌数量才可能得到有效削减,具有先锋精神和创新意识的作品才可能不断增多,中国新诗欣欣向荣的发展态势才有希望真正形成。

李 东:您曾在《口语写作十宗罪》中罗列出了口语诗歌的十大弊端,称其为"流毒"并坚决抵制,在另一篇《新世纪口语诗写作中的"去修辞化"现象批判》一文中,批评口语诗的同时,也指出"真正的口语写作所呈现出的美学风貌、所具有的艺术魅力,都是不容忽视的"。那么,口语诗歌到底有没有存在的价值？或者说，口语诗歌应该如何存在才能体现出它的价值？

张德明：我可以很肯定地说，口语诗歌是具有非常重要的历史价值和诗学意义的，它的存在也是非常有必要的。口语诗歌是1980年代中后期出现在中国新诗的历史舞台的，它的出现，一定意义上是对朦胧诗的意象书写和与当下生活脱轨的创作面貌的极大扭转，促进了新诗与当下历史、与日常生活经验的深入联系，给中国新诗的进一步发展带来了新的生机和活力。尽管口语诗歌自诞生以来就带有某种诗学上的先天不足或者说某种审美贫弱性，但它在推动新诗的发展上所具有的历史意义和诗学价值还是不能低估的。

一种诗歌创作倾向，得到一些诗人的认同，有一些诗人主动去尝试，并且通过尝试获得某种程度上的成功，这是可喜的，也是值得人们珍视的。不过，凡事都有个度，每一种创作选择都是具有优势也有劣势的，口语诗也是这样，它的难度不高、门槛很低、容易口水化，即是不可回避的美学症结。如果诗人们不对这些创作症结保持足够警惕，而是一窝蜂地都去写口语诗，不仅不可能写出更多的优秀口语诗来，而且还会不断放大这种诗歌形式的弊端，扩大它的负面影响。这不仅不利于当代诗歌的有序发展，还可以使诗歌形象本身也受到损伤。事实上，当"梨花体""羊羔体""乌青体"等口语诗一再出现的时候，社会上对新诗的评价是在不断走低的，口语诗在社会上产生的负面作用是我们无法回避的事实存在。因此，在我看来，口语诗要想充分发挥其美学优势，有效避免其短处，就必须在这几方面下功夫：1.口语诗人要有意识地减少创作数量，增强创作质量；2.有意识地强化诗歌创作的难度意识；3.适当地在诗歌表达中参用一些修辞手法；4.减少诗歌创作的随意性，在叙事手法使用、诗歌张力建构等方面还要下更大的功夫。

李　东：据我所知，您不同程度参与着诗歌民刊和民间诗歌奖，或是民刊的学术顾问，或是诗歌奖评委。您如何看待诗歌民刊和民间诗歌活动？

张德明：长期以来，诗歌民刊都是先锋诗歌的实验基地，它在推动新诗的艺术探索和形式建构上，扮演着极为重要的角色，起着无可替代的作用。不过，近些年来，随着民间资本的不断雄厚，以及图书出版市场的不断转型，民刊也出现了一些显著的变化。一个变化是诗歌民刊的正规出版化，也就是说，以前的诗歌民刊多是没有书号和刊号的，只是诗歌同仁共同筹措资金，个人在小作坊里进行少量印刷的，而如今不少民刊开始与出版社合作，采取以书代刊的形式来出版发行。这样一来，民刊出版的资金投入大量增加了，其发行和流通的合法性也获取了，然而，由于出版审查制度的介入，民刊自己的私密性空间和僭越性表达就被大大缩减了，其先锋性内涵也受到了挤压。另一个变化是民间诗歌刊物与官方诗歌刊物之间越来越趋于同质化，不少民刊并没有体现独具特色的诗学追求和创作理念，而是各类诗歌的大杂烩，民刊自身的独特性和独立价值也在慢慢淡失。如何在资金投入增加的前提下，还保持民刊自身的独特性和先锋精神，这是当下许多民刊都面临的重大课题。

再谈诗歌活动。近些年来，我参加过不少的诗歌活动，操办这些诗歌活动的组织者各自不一，有杂志社主办的，有报社主办的，有政府部门主办的，还有文联和作协主办的。通过举办诗歌活动，将外地的诗人和评论家请到本地来，这既可以促进本土诗人与外地的交流和沟通，还能加深地方性诗人同国内重要诗歌刊物、重要诗人和评论家的联络与友谊，这对发展地方诗歌，提升本土诗歌水平是有明显助益。不过，由于活动时间短，而参加活动人数多，本土与外地的交流和对话并未深入展开，许多诗歌活动刚刚召开就草草收场，并没有达到预期目标。因此我认为，当前的诗歌活动应该加以精简，不要搞表面文章，而是要把举办诗歌活动和振兴地方文学事业密切关联起来，让本土诗人真正能在活动中受益。至于民间诗歌活动，也许比官方举办得更多，多数活动可能只是诗人之间的同仁聚会，在增进相互的友谊和彼此了解上也许有一定作用，但让多数人通过活动受益，可能不是民间诗歌活动能办到的。

李　东：目前各类诗歌选本越来越多，大有泛滥之势，好像有很多人在做诗歌精选工作，真的是好诗越来越多吗？您如何看待这样的现象？

张德明：确实如你所说，目前中国的各类诗歌选本数量居多，除了各种版本的年度诗歌选本外，还有以时间为线索组织的选本，如新世纪诗选、90年代诗选、80年代诗选等；以地域为线索而编撰的选本，如山东诗人诗选、江苏诗人诗选等，以年龄为线索而编撰的诗选，如"70后"诗歌选、"80后"诗歌选。由于今年是新诗百年诞生，所以以百年新诗为重要线索而组织编选的选本也有好多。

诗歌选本的大量出现，一方面与当代诗人、评论家、出版家等人所具有的文学史意识不断强化的趋势有关，另一方面也与出版制度的改革和民间资本对诗歌出版的资助等不无关系。出版社的企业化带来了通过出版而获取经济效益的利益驱动，而民间资本日益雄厚和中国人对诗歌的历来重视，给各种诗歌选本的不断出笼带来了很多的契机。在我看来，诗歌选本的大量出现，并非坏事，它们至少在促进新诗的传播，扩大新诗的影响方面起到了积极作用。自然，如此众多的诗歌选本蜂拥而至，有时也会造成"乱花渐欲迷人眼"的混杂局面，它们从客观上说并不可能做到让新诗历史清晰化，而是相反，可能还会让原本单纯的历史复杂化。好在目前所有的选本也只是"选本"而已，并不是文学史的定论。今天能选入某个选本的，明天能否被文学史接纳，都是个未知数。只有时间能最终裁定这一切。

李　东：除了诗歌评论家身份外，您也是一名出色的诗人。在我看来，理论对诗歌创作具有指导意义，而诗歌创作可以为评论提供更具有说服力的实践经验，是这样吗？您如何看待评论家和诗人的双重身份？

张德明：的确，近几年来，我在从事诗歌批评的同时，还写过不少诗，2015年还出过一本诗集，但你说我是一名出色的诗人，我还是感到受之有愧的。我之所以要在诗歌批评的同时，还兼顾诗歌创作，确实如你所说，是为了通过创作而还原诗人写诗的现场，有了这些实践经验后，我对诗歌文本的阐释也许会更为精准，更加到位。

据我所知，目前多数的诗歌批评家，同时也是一位诗人，这样的例子可以举出一大堆，如沈奇、耿占春、张清华、罗振亚、姜涛、张桃洲、敬文东、赵思运、吴投文、霍俊明、罗小凤等等。一个既能做批评又能写诗的学者，他的理论阐释也许会更加具有说服力。我是这样来看待这个问题的。

李　东：诗歌的传播阵地除了传统的纸质媒介外，也经历了从网络论坛到微博、博客，再到微信的转移，新媒体加速诗歌传播的过程中，同样也是有一些弊端的。请就此谈谈您的看法。

张德明：新世纪以来，传播媒介的突飞猛进是显在的事实。正如你刚才所说，传播方式和阵地的变化，经历了从纸质媒介的单一模式到网站、论坛、博客、微博再到微信的网络参与和多元并存的复合模式的演进过程。面对新媒体的日新月异的状况，中国新诗较好地适应了其变换节奏，从新媒体那里收获到最大的实惠。我认为，诗歌传播媒介的变化，对诗歌发展所具有的积极意义，不外这样几点：其一，扩大了诗歌发表的版面。网络是可以无限加载的空间，诗歌的网络刊载也应视作某种发表，网络的出现为诗歌发表提供了无限的版面。其二，极大加快了诗歌传播与扩散的速度，网络的信息扩散速度是其他媒介难以匹敌的,诗歌经由网络这种媒体,迅速走近千家万户,这是以往纸介媒体时代难以想象的。其三,有效培养了诗歌的读者群和新的作者群。通过网络阅读,许多以前并不熟悉新诗的读者,开始逐渐了解和喜欢上新诗,这样一来,新诗的读者群体极大地扩充了。同时,年轻的读者在阅读新诗的同时,开始学着去创作新诗,由此,年轻的诗人在网络环境下迅速成长,诗歌作者队伍不断扩大,这对新诗的发展无疑是极其有利的。

当然,网络语境下的新诗传播,也存在着不少弊端,比如,网络的过度自由化导致了一些不好的诗歌作品也得到某种传播和推广,这无论对于塑造新诗正面形象还是对于培养新诗的读者与作者来说,都是不利的;网络发表的快捷方便,也可能给年轻的诗人们造成某种错觉,让他们觉得新诗创作竟然如此简单和没有难度,这种错觉也将会影响他们以后的创作发展。在看到传播媒介的发展对新诗的积极意义的同时,还能想办法避免它可能带来的某种消极作用甚至不良影响,这对促进新诗的健康发展来说是必要的。

李 东:一直以来,您对年轻作者的关注和扶持力度非常大,通过专门的评论文章和推荐优秀作品发表等多种渠道,为年轻作者指引方向。那么在您看来,当下年轻作者的创作呈现一种怎样的风貌?又有哪些问题?

张德明:确实如此。在多年的新诗批评实践中,我除了关注一些成名诗人之外,还注重对年轻诗人的发现和奖掖,因为在我看来,年轻诗人代表了中国诗歌的未来,推助他们更好地发展,就是为着使中国新诗的未来更为兴旺和辉煌。粗略地回顾一下,我以前写下的一些文章,如《80后在前进》《80后诗人的想象力》《一台大功率的机器在时光中钻孔》《生命的领悟与想象的奇迹》《她因诗歌而走到了同龄人前面》《让诗歌插上想象的翅膀》等文章,都侧重于对"80后"和"90后"诗人的个体与群体的阐释和概括。

　　就我有限的阅读视野，我感觉到，年轻诗人们的诗歌起点很高，语言能力强，诗歌悟性高，加上发表的环境又相对宽松，有兴趣有能力的年轻诗人成长迅速，在诗坛冒出头来也比以往容易得多。不过，也许由于成名相对容易，年轻诗人往往缺乏长期的磨炼和对诗歌的足够敬畏，导致他们在一定程度上忽略了对诗歌技艺的多方面准备，忽略在诗歌与生活的错综关系上的更全面把握，因此，年轻诗人们的诗歌创作虽然不乏灵性和闪光点，但总体上看还缺乏必要的硬度和厚度，内在的诗学底蕴相对薄弱，这也许会对他们将来的更进一步发展带来某种隐患。

访谈时间：2017 年 3 月

王宜振：用毕生精力塑造孩子的想象力

  王宜振，1946年出生于山东东平。国务院突出贡献专家，享受国务院特殊津贴。中国作协会员，中国作协儿童文学委员会委员。著有《笛王的故事》《中国彩色童话》《21世纪校园朗诵诗》《21世纪校园抒情诗》等著作二十余部。作品先后获中国图书奖、中国作协全国优秀儿童文学奖、宋庆龄儿童文学奖、文化部蒲公英奖、共青团"五个一工程"奖等多项文学和图书大奖。有四十余篇被选入教育部审定通过的中小学语文新课程标准正式教材。

诗意生活是人生最高境界

李　东：王老师您好！您的《现代诗歌教育普及读本》出版，得到众多专家学者和中小学校长的联合推荐，面世以来，引发了广泛关注和好评，成为一本"现象级"的著作。您觉得儿童成长中开展"诗教"的意义在哪里？

王宜振：中国是一个诗歌的泱泱大国，自古以来就有"诗教"的传统。诗教就是用诗来管理、教化社会，也就是人们常说的"以诗治国"，而这里的"治国"，就是指诗对人精神的引导和教化。诗通过潜移默化的作用，对人的心灵进行陶冶，使心灵得以净化，得以丰润和提升，这便是人们所说的"诗意地栖居"的理念。

中国古代就有"蒙以养正"的儿童教育理想，也就是说，在儿童蒙昧时期，要教给他正确的东西。从诗教的角度来讲，就是要用优秀的诗歌，去浸润充盈儿童的心灵，帮助他们完善人格塑造，培养性情，养成审美趣味。我们的教育应该是完善人格和人性发展的教育，它的最高境界却是诗性。一个人能够过着一种有诗意的生活，那便是人生的最高境界。

我以为诗教不仅契合儿童的天性，也是呵护儿童的诗性本色、滋养儿童的精神成长、激发儿童的无限想象力的重要举措。因为，诗歌比其他文学样式更精练、更纯美、更富有想象力和隽永的情趣。如果孩子在成长阶段与诗歌结缘，在长大步入成年后，诗歌会使他受益终生。

李　东：在您看来，诗歌对于孩子成长非常重要，那么，请您谈谈提倡孩子读诗具体有哪些好处？

王宜振：诗是文学的一个重要门类，是一切文学样式中最

早产生的文体。它是文学中的文学,皇冠上的明珠。我认为读诗至少有五点好处:

一是可以培养观察能力。从小学会和习惯于诗意的表达,把握诗歌简洁、凝练、灵动、别致的语言修辞方式,对孩子来说非常重要。诗要表达的是意、味、情、景、思,显然比其他文体要集中、要浓烈,诗歌采取的意象,其冲击力也比小说、散文中的形象大得多,这样的诗歌一下子就能感染和打动孩子,直接作用于灵魂,产生诗感、诗想、诗憬、诗悟,学会用诗的眼睛、诗的耳朵、诗的心灵、诗的情态去感受生活、感受大自然,学会诗情和诗意地表达。读诗,不仅可以引导孩子观察这个世界,还可以培养他们观察这个世界的独特视角。

二是可以开发想象力。从大的方面讲,想象力的开发关乎国家、民族的强盛;从小的方面讲,关乎个人前途。世界上有成就的人,都是充满想象力的人。想象力是决定一个人一生的关键。在电子传媒和应试教育不断弱化孩子想象力的当下,只有开展文字阅读,尤其是诗歌阅读去拯救孩子想象力。因为诗歌与视角艺术有一种本质的对抗性,它可以激发儿童自身潜在的本原的精神自由与想象力。

三是提高表达能力。从小读写诗,可以培养自己的文学感觉和文学趣味。诗是一种有魔力的语言,当读出来诵出来时,这个世界就变得更加新鲜、神秘和奇特。阿根廷著名诗人博尔赫斯说:"每当我们读诗的时候,艺术就这么发生了。"美国著名诗人约瑟夫·布罗茨基说:"培养良好文学趣味的方式,就是阅读诗歌。"一个诗人就是一个魔术师,他可以随心所欲地描绘内心的彩画,开启心灵的大门。我以为,学会表达是学会写作的重要一环。而读诗写诗,可以更熟练地让孩子学会表达,继而学会写作。

四是可以陶冶情操,培育对生活的感受能力。一切文学作品都是主情的。要学会感受生活,在生活中捕捉感动,捕捉情感的变化起伏,这样写出的文章才会感人。而读诗写诗,恰恰是陶冶情操与表达情感的重要一环。

五是可以启迪智慧,孕育创造能力。一切文学作品,都是精神创造的结晶。诗歌创作最讲究"反常",这个"反常"就是创造。好的诗歌,充满了创新思维,常读好诗会获得想象力的启迪,而想象力就是创造力的基础。一个孩子长大了要有创造力,我觉得要从小多读诗。

想象力比知识重要

李 东:人们常说"知识改变命运",孩子的成长正是知识积累的过程,而您却说"想象力是决定一个人一生的关键",并认为"想象力比知识重要",为什么?

王宜振:伴随着互联网和智能设备成长起来的一代孩子,知识面很广,信息量很大,他们不缺知识,缺的是想象力。一个孩子长大了有没有出息,有没有成就,就看他有没有想象力,没有想象力的孩子一生平庸。当前的时代又称为"读图时代",图画对于成长时期的孩子,确有激发他们想象力的作用,但这种想象毕竟是直接的、确定的、图像化的,是类型的、程式的、固定化的。它使孩子只有被动接受和感知的自由,失去了自我创造和独立想象的空间,加之应试教育和电子传媒对孩子想象力的扼杀。久而久之,孩子的想象力日渐弱化。这些年来,我无论是写儿童诗、编儿童诗还是做儿童文学讲座,我有一个愿望,就是打造孩子的超级想象力。《现代诗歌教育普及读本》就是我在这方面多年的研究成果，也是我晚年献给孩子的一个小小的礼物。

李　东：您将想象力分为了"文学想象力"和"科学想象力"，二者有什么区别和联系？

王宜振：文学想象力就是文学家、艺术家的想象力，是审美的、不实用的；科学想象力是科学家、政治家、工程师的想象力，是科学的、实用的。

首先，科学的想象力是可以证明的，文学的想象力则不能。牛顿小时候有一个想象：苹果为什么不往天上掉呢？当牛顿发现了万有引力定律，使这一想象得到了科学的证明。而文学的想象则不同，无法得到科学证明，例如李白的诗："飞流直下三千尺，疑是银河落九天。"

其次，科学的想象表现的是理性，而文学的想象表现的是感情。我们看到一棵树，我们想象它有多少枚叶子，能吞进多少二氧化碳，释放多少氧气，或者它有多高，锯成木板能做几张桌子，这就是科学的想象，是理性的。如果说，这棵树像一个披着长发的美女，那这种想象就是文学的想象了。人的感情转移到这棵树上，使它变成了一个人。

再者，科学的想象是普遍的，而文学的想象则是特殊的。为什么说科学的想象是普遍的？这是因为科学研究得出的是普遍性的结论，是一种普遍的规律。文学的想象渗透了情感，使主体和客体之间的关系发生了变化。

当然，科学的想象和文学的想象有着密不可分的联系，文学的想象往往会成为科学发明的先导，也就是说，文学的想象力常常为发明创造奠定基础，一旦得到严密的科学论证，就成了科学。

讲好中国故事是中国儿童文学的根本出路

李　东：2016年，曹文轩获得儿童文学最高奖——"国际安徒生奖"，成为首位获得这一殊荣的中国作家，这是否说明中国的儿童文学创作已经达到世界水平？国外儿童文学对国内有什么借鉴？

王宜振：以前，中国的一些儿童文学作家、评论家，对西方儿童文学比较膜拜，看不起自己，甚至对中国儿童文学缺少自信。曹文轩获奖以后，大大提振了中国儿童文学的自信。我个人认为，中国的儿童文学已经是世界儿童文学的一部分，并占据着一定的位置。中国儿童文学中优秀的小说、童话、诗歌作品一点也不弱于其他国家。

儿童文学在中国的改革开放之后，发展很快。像上世纪50年代的作品，写法大多比较简单，基本上写的是好人好事，不少作品受当时的政治气候影响比较严重。改革开放之后，大量的外国儿童文学作品涌入中国，对中国儿童文学的发展，起了很大的促进作用。中国儿童文学作家在阅读外国儿童文学作品中，丰富了创作手法，开阔了自己的视野，从中借鉴和吸收了好多有益的东西。

这就是说，从西方"借火"是必要的。但是"借火"的目的还是要产生出有中国特色的作品来，还是要植根在中国这片大地上。中国的儿童文学作家受西方的影响太大。在植根本土、讲好中国故事、真正写出中国这片土地上的儿童文学作品还很不够。比如说童话，好些童话的主人公都是外国名字，甚至从情节到内容一味模仿。在我看来，可以借鉴国外儿童文学作品，但不能一味模仿，不能人云亦云，把外国的东西不加改造地移植到中国来。只有植根中国，讲好中国的故事，这才是中国儿童文学的根本出路。

李　东：近几年的"作家富豪榜"备受文化界关注，有人称它"反映了中国全民阅读潮流走向"，纵观榜单，儿童文学作家无疑是最大赢家。您认为儿童文学为什么会这么火？

王宜振：这说明儿童文学需求量很大，孩子需要读书。国家新课程标准修订以后，把阅读作为孩子的核心素养，使阅读显得愈来愈重要，学校以及各级教育行政部门对阅读也越来越重视。

对畅销书、排行榜，我个人建议不要过多地去关注，只能作为参考。虽然畅销书中也有作品可能成为经典，但是，这个比例是相当低的。经典书可能往往还排不到排行榜里去，但是经典书的文学价值、艺术价值是很高的。现在好多书都属于快餐文化，让孩子看了只能一时感到快乐，看完之后也就烟消云散了。我一直倡导孩子读经典书，这样的书籍，读了是能够让孩子受益一生的。一个作家的书，"常销"比"畅销"意义更大。

李　东：在您看来，儿童文学和成人文学最大的区别在哪？什么样的作品才能称得上是优秀的儿童文学作品？怎么样的作家才能称得上成熟的儿童文学作家（或儿童诗诗人）？

王宜振：儿童文学作品要符合儿童心理，符合儿童的年龄特征。儿童往往看问题的视角不一样，各个年龄段的儿童理解能力也不一样。一部优秀的儿童文学作品，必定是常读常新，每一次阅读都有新的发现、新的感受，且经得起时间考验，具有久远文学价值。

从诗歌角度来讲，一个成熟的诗人，应该看他是否形成了个人风格。个人风格就是人生的价值观、人生经历、艺术气质与修养、语言理想等因素作用的结晶。个人风格有三个基本特征：一是有相对稳定性。诗人在创作过程中，会有所发展，有所丰富，有所完美，但那些基本的风格要素是不变的。二是多元性。诗情的多样性，语言的多元性，决定了风格的多样性。一个诗人除了他的主导风格以外，还有他的非主导风格。主导风格和非主导风格相互依存、相互补充。三是风格的不可模仿性。主要指的是它的专属性和唯一性，这是因为艺术不是技术，艺术只有一次性体验，模仿他人，会丢掉前人成功的主要因素——独创精神。只有独创，才能不断创新，形成自己独特的艺术风格。

诗歌是我的终身伴侣

李　东：作为享誉全国的儿童文学作家，您已在百余家报刊发表诗歌两千余首，童话五十余万字，并有四十多篇作品入选中小学语文义务教育新课程标准教材。您是什么时间开始创作的，又是如何与文学结缘的？

王宜振：我出生在山东省东平县，九岁随父母来到陕西省延安市黄龙山，在那里度过了我的少年时代。我在黄龙县石堡小学读书期间，受到语文老师也是我的班主任于百溪的影响，爱上了文学并开始了诗歌创作。于老师是一位酷爱文学又有着丰富教学经验的老教师，他每天写一首诗，还常常读给我们听。他一边读一边摇头晃脑地沉醉其中，常常逗得我们哈哈大笑。慢慢地，我受到这位老师的影响，也写起诗来。当时，我对诗的认识十分肤浅，写的大多是顺口溜和民歌式，想不到这些稚嫩的小玩意，却受到于老师在班上表扬。这样一来，我的劲头就更大了，有时一天会写上两三首。从小学阶段与诗歌结缘，一路走来，走到了今天。我最感幸福的是我的一生都有诗歌陪伴，诗歌是我的终身伴侣。

李　东：您是超现实主义诗歌艺术的探索者，这种探索在儿童诗创作中的运用，无疑是一种变革。请结合您的作品，谈谈对超现实主义的运用，谈谈你在这种探索中的体会？

王宜振：写诗最讲究"虚"和"实"的处理。"虚"是诗人想象力飞翔驰骋之处，也就是诗的超现实性。古人强调超以象外，得以圜中。写诗实际上是抽象和具象的搭配。诗不能太实，太实了，就会流于直白；而诗又不能太虚，太虚了往往流于朦胧直至晦涩。怎样在虚和实之间寻找平衡，进行巧妙的搭配，这是一首诗成功与否的关键所在。我的诗，大部分"虚""实"相间。如我的《父亲从乡下来》：

"父亲从乡下来 / 乡下的父亲 / 伸开粗粝的手 / 手心里握着四个季节 // 父亲从乡下来 / 乡下的父亲 / 用草帽扇风 / 扇出一串串鸟鸣 // 乡下的父亲 / 跟我睡在一起 / 夜深人静，父亲的骨节在舒展 / 从骨节里蹦出一片蛙声 // 乡下的父亲 / 用旱烟袋抽烟 / 把烟袋锅磕一磕 / 竟磕出一地的乡情 // 乡下的父亲 / 头颅是一颗太阳 / 无论头顶是黑是白 / 都能把一个个日子照亮"。

这首诗中的手心里握着住四个季节、草帽里扇出一串鸟鸣、骨节里蹦出一片蛙声、烟袋锅磕出一地乡情、头颅把一个个日子照亮，这些都是超现实的想象。而这些想象，又都是具有深厚生活基础的。即使"骨节里蹦出一片蛙声"，也是从生活现实中生长起来的一种想象。试想，父亲的骨节在夜晚会发出"咔咔"的响声，这样，青蛙的叫声就会从骨节里蹦出来。这种诗，往往是"虚""实"相间，只要搭配得好，就会成为一首好诗。

文学创作,最根本的问题就是创新。只有创新,才能产生一大批风格多样、艺术表现独具特色的优秀作品。而要创新,就要探索。我从80年代初期就尝试用现代派的表现手法,来丰富儿童诗的表现力。我创作了一批作品,使得儿童诗面目一新,给沉寂的儿童诗坛带来了喧闹和生机。2002年以后,我又尝试用超现实主义的手法来写儿童诗,经过几年努力,我写出了一批作品。其中一些作品得到评论家的广泛关注。这些作品结集出版后,在全国获了大奖。还有一些优秀作品,入选中小学语文新课程标准教材。我认为,只有探索才能不断创新,探索是创新的必由之路。

在超现实主义探索方面,我还只是开始,要取得成功,还需要长期艰苦的实践。

李 东:从创作第一首诗歌算起,您的"诗龄"都快六十年了。这种持续的、旺盛的创作激情从何而来?

王宜振:我曾长期担任《少年月刊》主编,与孩子结下了不解之缘。我觉得为孩子写作是一种义不容辞的责任。上世纪80年代,是我创作的旺盛期。有一年,《人民文学》等十八家文学刊物,同在六月号刊登了我的儿童诗。当时我家在山东,我一个人在西安。这些作品都是我用业余时间写出来的,从未耽误过工作。眼看我的创作势头越来越猛,有同事却认为我不务正业,我很苦恼。后来,团省委书记知道了我,不但没有批评我,反而鼓励我好好写。于是,我怀着一股犟劲儿,立志要写出名堂来。后来,这股犟劲儿融入了我的创作激情,成为一股不可战胜的力量。

李 东:您的诗歌想象奇特,意象丰富,现代和传统的融合成为您诗歌创作的又一特点。您是如何做到在传统与现代之间自由穿梭的？

王宜振：我的诗既属于传统，又属于现代，是传统和现代的混血儿。我国著名诗歌评论家孙绍振先生在《跨越时代的童诗》一文中指出："艺术家的任务，是在不断地更新，不断地突破，不断地冲击那种表面的和隐蔽的成规。从他的诗作中可以看出，他不仅熟练地驾驭着传统儿童诗的想象，而且得心应手，表现了他的成熟。但是，更为可贵的是，他常常又在突破传统，把一些现代派的想象与传统的儿童诗想象结合起来。把二者之间的矛盾化成了水乳交融的和谐。"在传统与现代的结合上，孙先生给我做出了很高的评价。我以为，一个民族的诗歌必须植根于自己的土壤，接受本国文学传统的滋养。当然，我们不排斥对世界经典文学的借鉴，尤其是从西方现代文学大师身上汲取创作理念与表现手法，两者缺一不可。传统与现代的结合，是我的诗歌创新的基础。

当前是儿童文学的黄金时代

李　东：在《现代诗歌教育普及读本》中，您专门用了两个多章节对抒情诗进行了讲述。就诗歌而言，无论什么诗体形式，都有抒情的特征。语言作为诗歌的载体，抒情诗的语言具有哪些特点？

王宜振：抒情诗是内视点诗歌，内视点诗歌的诗美体验往往只可意会、不可言传，一般语言都是言不尽意的。

抒情诗的语言有三个重要特点：一是诗歌的非语言化。诗歌的非语言化是针对语言功能来说的。它使诗歌的体验功能增强，交际能力弱化。对一首诗来说，不管它的语言功能如何强化和弱化，诗毕竟带有语义性，所以说诗的语言是义与音的交融。诗的非语言化使诗成为诗，蕴含着诗的韵味。

二是诗歌语言的陌生化。诗歌语言是对散文语法与修辞规范的抛弃。换句话说，诗歌遵循自己独特的语法与修辞规范。诗是语言的超长结构，它破坏了一般语言的语法结构和修辞法则，在语境中实现超越语言表达的客观能力，达到一种创造性的表意。在陌生化的语言中，发现美感、追求美感、热恋美感。

三是诗歌语言的风格化。风格化是诗歌语言独立价值的体现。不同的诗人，有着不同的用词方式、语法规范和修辞法则。风格的不同及优劣，也就拉大了诗人之间的距离。

李 东：作为儿童文学领域的重要作家，您既是参与者也是见证者。您如何看待目前国内的儿童文学创作环境？又有怎样的期待？

王宜振：当前儿童文学处于一个空前繁荣时期。这就是人们常说的儿童文学的黄金时代。况且，这个黄金时代还在继续下去。儿童文学的发展虽然辉煌，但也存在一些不容忽视的问题。像世界安徒生奖获奖者曹文轩这样的大家还太少。由于儿童文学的准入门槛低，大部分作品显得平庸，还有一部分作品显得庸俗。我觉得儿童文学界也要贯彻落实习总书记的"两个讲话"精神，提高儿童文学的创作质量，把儿童文学的创作提高到一个新层次新水平。

李 东：随着新媒体的崛起，纸质媒介和传统媒体呈现出衰落趋势，人们的生活方式也发生了显著变化，最显著的就是大众阅读由纸质报刊转向电子阅读。在您看来，新媒体的出现对儿童成长以及儿童文学发展有哪些影响？

王宜振：电子传媒对儿童的影响是巨大的。随着光怪陆离的图像世界和影像世界的出现，儿童的童年梦想正在受到破坏。许多专家早就指出，电子传媒改变了儿童的思维方式，改变了儿童的生存环境和教育环境，它使孩子从小就开始面对凶杀、暴力、性、死亡和金钱问题。专家警告：电子文化使儿童的童年正在消逝。我们可以设想，失去童年的儿童将会产生何等可怕的后果。越来越高的少年犯罪率足以证明，孩子的心理在发生着倾斜，孩子的心灵被严重扭曲。我要说，哪个时代的人丢掉了童年梦想，哪个时代的人就一定会堕落，会丧失自己的精神家园。哪个时代的人保留了童年的梦想，哪个时代的人就更为崇高、真诚和纯洁，即使处在生活逆境中，也会充满生命的活力和生活情趣。面对这种变化，我认为儿童文学是保留儿童梦想的土壤。儿童文学能以自己特有的文化价值给这个时代的儿童以精神的提升。

李　东：时值新诗百年，对于新诗的发展而言，也是众说纷纭。有人认为百年新诗取得了巨大成就，也有人认为百年新诗在中国漫长的诗歌史中微不足道。对此，您怎么看？

王宜振：用白话写诗，无疑是新诗巨大的革命。新诗的诞生，其意义十分重大，但由于白话文学初期所使用的语言浅白而粗糙，诗人又大多采用有感必发，有闻必录，未经裁剪，未经意象化的直接表达，故诗人难以完成自己在表达上的诉求。这就要向西方诗歌借鉴，有一部分诗人流连西方而难以往返，有一部分诗人在向西方借鉴后，回过头来又与中国传统相结合，并取得了一定成就。洛夫就是传统和现代结合的代表性诗人之一。进入新时期以来，诗歌得到了长足的发展，呈现多元化的态势，但其影响却在减弱。总之，中国新诗正在走向成熟，佳作也在不断涌现。

李　东：儿童诗在当前国内儿童文学创作中处于什么位置？陕西的儿童文学创作现状如何？

王宜振：儿童文学仍然以小说、童话为主。儿童诗歌在这几年的发展很快，艺术手法也多种多样。不过，诗歌属于小众文学。诗歌不像小说、童话那样，有着曲折的故事情节，颇能吸引小读者的眼球。诗歌以抒情见长，它以陶冶儿童的心灵为主，同小说、童话相比，它是儿童文学的另一翼，不可或缺的一翼。

陕西儿童文学在这几年，发展迅速。陕西作协对这个事情也很重视，连续三年举办儿童文学培训班，并邀请一些儿童文学大家来给儿童文学作者讲课。通过培训，拓宽了陕西儿童文学作者的视野，提高了他们的艺术修养。过去，陕西的儿童文学创作在全国比较落后，也由于陕西成人文学，特别是小说非常厉害，显得儿童文学力量比较薄弱。近几年，陕西出现了一批非常有潜质的儿童文学作家，他们正在打破这种格局。我想，用不了多久，陕西儿童文学一定会出现一个空前繁荣的局面。它将成为文学陕军的一支生力军。

访谈时间：2017年6月

后 记

对我而言，这是一本特别的书。

这些通过现场、电子邮件和微信等方式采访形成的文字，展现了文化名家丰富的内心世界，或是对文学、艺术乃至生命的独到理解，或是对传承和发展中国文化的担当，背后都闪烁着思想的光芒，散发着独有的魅力。

本书收录的内容，是我担任编辑期间，邀约了数位在国内外具有广泛影响力和代表性的作家、诗人、文化学者、评论家、翻译家等，专门为《延河》下半月刊"名家现场"栏目采写的稿件。当然，期间也有一些名家，欣然接受却因种种原因没有成文，难免遗憾。

因为时间跨度大，不可避免的是，部分受访者的信息发生了明显变化，或是职务变动，或是又出新作、获大奖等等，要不要联系受访者，将访谈更新一遍？纠结许久，最后还是决定尽量保持原文，只对个别问题做了略微删改。时间在不停地把此刻变成过往，所谓的更新无非就是徒劳地与时间赛跑，倒不如保留住最初的那份美好。

每一次访谈,从最初的资料查找,到作品阅读,再到问题设置,直到访谈成型作为第一读者拜读,都是难得的学习机会和成长过程。

令人欣慰的是,书中收录的访谈通过《延河》《中国诗人》等杂志以及网络、微信等方式传播之后,受到广泛认可。

本书能得以面世,要感谢《延河》杂志给我提供与文化名家对话的机会;要感谢受访的文化大咖们,他们没有拒绝一个无名之辈,并欣然坦露思想的宝藏。同时,还要感谢阎安主编撰文推荐,感谢高建群先生题字勉励,感谢白麟先生策划出版,感谢同事孙毅超的精心编排,感谢好友郑亚洁的细致校对,感谢陆青先生为本人拍摄的肖像照,感谢给予我鼓励的所有亲人、师者、朋友。

2017年10月于西安